歴史の共有体としての東アジア

日露戦争と日韓の歴史認識

崔文衡
Choi Moon-hyung
子安宣邦
Koyasu Nobukuni

藤原書店

歴史の共有体としての東アジア／目　次

第Ⅱ部　日韓・東アジア近代史の共有——歴史の一国化と日露戦争という盲点

歴史の共有体としての東アジア——日露戦争と日韓の歴史認識

序論　東アジア・歴史の共有に向けて

――日韓関係を通じて考える――

子安宣邦

日露戦争後百年

二〇〇五年は日露戦争の終結後百年にあたりました。日本の新聞雑誌もこの戦争を回顧する記事を載せ、またこの戦争を再検討したりする出版もなされました。だが日本帝国の栄光を世界に向けてはじめて輝かした勝利の記憶を、だれが積極的に回想し、確認したりしたのでしょうか。時代錯誤の帝国の遺児たちを除いて、だれがこの戦争を思い起こしたりしたのでしょうか。たしかに歴史研究者たちは、それなりの関心にしたがって再検討の作業をしました。しかしそれ以外の日本人は百年前の戦争をどのように回顧したのでしょうか。恐らく大部分は回顧さえしなかったでしょう。あるいは回顧することを意図的に避けたものもいるでしょう。私もそうでした。だがわずかに百年前の戦争の記憶を現代の日本人につなぎとめたのは、『坂の上の雲』という明治のロマンを戦後の日本人に贈った司馬遼太郎であったかもしれません。

日露戦争とは司馬において、明治国家が真に国民的国家として成立するための、日本人に課せられた試練というべき歴史的体験でした。「祖国防衛戦争」というのが、司馬がこの戦争に与えた規定です。「ロシアにつぶされてしまうという共通の恐怖心から、国民が一つに近い状態になった。こういうことが政府の宣伝によらずして実現したのは、その前も後もありません。ですから日露戦争というものは、客観的にどう評価されようとも、主観的には祖国防衛戦争だったのではないか。調べてみまして、やはりそうであったと考えています」(『「昭和」という国家』NHKブックス、一九九九年)と司馬は語っています。日露戦争後の太平洋戦争にいたる帝国主義的日本、ことに昭和日本に司馬は批判的であるというよりは否定的でした。「私は明治日本のファンです。明治の日本があのまま何とか成長してくれればよかったと思うのですが、大正の末年から昭和にかけて異常な権力が成立した。日本をめったやたらの方向に持ち込んでいってつぶしてしまった」と、昭和日本の否定性を司馬は強調します。日露戦争にいたる明治日本に彼が読み込んでいたのは、青年期日本の健気《けなげ》な、身丈にあった国民的前進と挑戦と試練の過程でした。日露戦争とはこの健気な日本人が、リアルな自己認識をもった指導者のもとで、国民的結合を成し遂げて戦った未曾有の体験であったというのです。明治日本へのこの回想は、たしかに、己れの青春への回想と同じ心地よさを日本人に与えます。それゆえ統帥権という魔法の杖を手に入れた軍部(参謀本部)によって壟断《ろうだん》された「昭和」に司馬がどれほど激しい呪詛の言葉を投げかけようと、「明治」の健全な国家的青春を回顧する彼の史観は多くの日本人に共有されるのです。だが、二〇〇五年という二十一世紀のこの時期に、日露戦争を日本人にとってのこの国家的青春の心地よい回想につなぎとめるだけでよいのでしょうか。日本人にとってのこの心地よい回想は、私が「時代錯誤の帝国の遺児たち」と呼んだ人びとの日露戦争の回想とどれほど違うものなのでしょうか。

靖国と日露戦争

靖国神社の遊就館は二〇〇五年の三月から「日露戦争百年特別展」を開催しました。もともと日本帝国の栄光ある軍事史博物館という性格をもつ遊就館は、日露戦争に特別な位置を与えていました。日露戦争の展示室では、壁一面のスクリーンに水師営の会見や日本海海戦といった歴史的名場面が映され、背後には軍艦マーチが鳴り響いていたのです。この展示室に入って私は、昭和戦前の少年時代にタイム・スリップしたかのような錯覚をもちました。だから遊就館はもともと日露戦争の特別展を常時やっていたのです。「日露戦争百年展」とは、それゆえ遊就館のこの性格を百年に因んであらためて顕示しただけなのです。ところで遊就館はこの「百年展」の趣旨をこう説いています。まず日露戦争の性格を司馬がいう「祖国防衛戦争」ととらえた上で、その勝利がもたらした国際的影響にふれ、さらに現在この戦争を回顧する意義をのべていきます。

「日露戦争は、明治の先人達が国家存亡の危機をむかえて大国ロシアと戦ったものであり、この未曾有の困難に際し、国家、国民は明治天皇の御下に一丸となり戦った。戦地に赴いた将兵も銃後の国民も尽忠報国に燃え、私事をなげうって勇猛果敢に戦い抜いた。

そして、その勝利は東アジアの安定回復と我が国の国際的地位を大きく改善させ、更には有色人種、非キリスト教文化圏、ロシアによる被圧迫民族に大きな自信をもたらした。

日露戦争百年に際し、靖国神社に鎮まる日露戦争関係英霊八八、四二九柱並びに先人達の遺勲を顕彰して、その歴史的意義を明らかに致し、ひいては我が国近代史の真実、日本のあるべき姿はいかなるものかを考える一つの契機と小誌がなれば幸甚である。」

(『日露戦争百年　図録』靖国神社遊就館、二〇〇五年)

司馬がする「祖国防衛戦争」という日露戦争についての性格づけは、靖国神社を護持する日本帝国の継承者たちに受容され、この戦争の積極的意義を語る靖国の言説を構成しているのです。

祖国防衛戦争

靖国神社遊就館の「日露戦争百年特別展」の趣意は、日露戦争勝利の国際的な意義を語って、日本の国際的地位の向上と非ヨーロッパの国々や民族に自信を与えたことをいっていました。

ヨーロッパ先進国による従属を強いられていたアジアの諸民族の指導者たちに、日本のロシアに対する勝利は自信と希望とを与えたことはたしかでしょう。だが、「有色人種、非キリスト教文化圏、ロシアによる被圧迫民族に大きな自信をもたらした」という言葉だけで、日露戦争の歴史的意味を語っていくことは、まったく自分勝手で、文字通り主観的な欺瞞の言説です。その「被圧迫民族」のなかに、満洲の諸民族や朝鮮の民族は含まれていないのでしょうか。その朝鮮民族を日本の完全な従属的な「被圧迫民族」にしていったのは、ほかならぬ日露戦争であったのです。「百年展」の趣意書は、日露戦争を青年期日本の偉大な国民的体験として回想する日本人には通用しても、アジアの隣邦からは怒りしか買わない代物であるのです。

この日露戦争を意義づける言説の欺瞞は、戦争の主観的な性格づけに始まるといえるでしょう。司馬は日露戦争の客観的な評価はいろいろあるだろうが、主観的にとらえれば「祖国防衛戦争」だといっていました。司馬が小説『坂の上の雲』を新聞紙上に連載していったのは昭和四十三年から四十七年（一九六八年―七二年）にいたる時期です。彼がこの小説の構想をもち、そのための調査を始めた時期、すなわち昭和四十年代の初めの時期には、「どうも当時の風潮といいますか、日露戦争というものを侵略戦争だと思っているらしいということがありました」と司馬はいっています。だが、「私はちょっと違う考えがありまして、いくら考えても、一種の祖国防衛戦争という面でとらえるほうが、きちっといくのではないか」と司馬は考えるのです。

日露戦争は客観的には侵略戦争という側面をもつかもしれないが、主観的にはやはり「祖国防衛戦争」だとみなさざるをえない、というのです。「主観的には」という主観とは、明治の国家的ロマンを書こうとする小説家司馬の立場であり、この小説家が背負っている明治という青年期国家の日本人の立場でもあります。「主観的には」とは、「司馬＝（明治）日本人にとっては」ということにほかなりません。司馬史談が語り＝騙りになってしまうのは、己れの史談という「雑談」を装うことで、そして「雑談」であることで言説責任を免れながら、日本人を代弁し、国家の運命をも語ってしまうからです（『「昭和」という国家』のタイトルとして司馬は『雑談「昭和」への道』を提案していたという）。「主観的には祖国防衛戦争だった」とは、「日露戦争は日本人の立場からいえば祖国防衛戦争であった」ということです。

しかし主観的にいえば、いずれの戦争も自国の防衛戦争になってしまうのではないでしょうか。司馬が口を極めてその愚かさをいい、昭和日本の失敗だという太平洋戦争でさえ、日本帝国の継承者たちは防衛戦争だといっているではありませんか。アメリカ文明社会の防衛のためにブッシュはイラクに侵攻したのです。

崔氏との出会い

二〇〇五年一月に藤原書店の創立一五周年を記念するシンポジウムが開かれました。そのシンポに合わせて崔文衡《チェムンヒョン》氏の「日露戦争と日韓併合」をめぐる特別講演があることを書店からの案内で私は知りました。この講演によってはじめて私は崔氏の存在もその著書をも知ったのです。崔氏の『日露戦争の世界史』は藤原書店からその前年二〇〇四年の四月にすでに刊行されていました。だが崔氏の講演を聞くまで、私はその書を読もうとはしなかったのです。日露戦争百年であることは知っていても、だからもう一度日露戦争を考えてみようという気に私はならなかったのです。栄光の帝国史のうちにある日露戦争を想起することを私はむしろ避けようとしていたのです。ただ『環』(藤原書店刊)連載の「反哲学的読書論」で角田房子の『閔妃暗殺』をとりあげようとしていた私にとって、日露戦争前の日韓関係は考えねばならない問題としてありました。その時、韓国研究者の視点からする日露戦争論という崔氏の講演を知って私は、直感的に「これだ!」と思ったのです。私が考えあぐねている問題の解決は、しばしば突然に、外からやってきます。古書市をぶらぶら歩きながら偶然見つけた一冊の本が、一気に問題を解決させたことが私にはよくあるのです。私はこうした人や本との出会いを大事にしています。崔氏とも私はそのように出会ったのです。

私が崔氏に直感したのは、私たちの盲点に差し入れる光を彼の視点はもっているということでした。日露戦争を韓国から見ることの重要性、より正確には、日露戦争を韓国研究者の視点から分析し、記述することの重要性を、はたして日露戦争の研究者や論及者は知っていたでしょうか。日露戦争のロシア側の研究は当然予想されても、またアメリカなどの研究は参照されても、韓国からの研究視点の重要性に気づいたものは日本には、崔氏のこの著書の翻訳出版を決めた藤原良雄氏を除いて、いなかったのです。このことは研究者レベルの、あるいは学問的世界だけの問題ではありません。日露戦争とは日本人にとってはただロシアを相手にした満洲問題であっても、韓国併合に帰結する韓国問題ではなかったのではないか。日露戦争を韓国問題として考える視点を、研究者はもとより、私を含めて一般の日本人はもっていなかったのです。司馬の「祖国防衛戦争」といったとらえ方も、この日露戦争観、すなわちこの戦争を韓国問題とは考えない見方からくるものです。

韓国から見ること

私は崔氏の講演を聞いてすぐにその著書『日露戦争の世界史』と『閔妃は誰に殺されたのか』

（彩流社、二〇〇四年）とを購入して読みました。これらを読むことではじめて、「日露戦争とは、日清戦争を通じて植民地化の危機に追いつめられていた韓国を、ついに日本の支配下に帰せしめた戦争であった」ことを私は知ったのです。そして一八九五年の閔妃殺害も、一九〇四年の日露開戦も、一九〇五年の竹島（独島《ドクト》）の日本領土編入も、一九一〇年の日韓併合も、それぞればらばらのものではなく、一つの日露戦争史の年表を構成するものであることをも知ったのです。世界史的視点をもったすぐれた歴史家である崔文衡氏は、日露戦争史をただ単に韓国側から読み直したのではありません。侵略史にただ受難史を対置させようとしたのでは決してありません。崔氏は日露戦争とは「アジアの世界大戦」であったというのです。

「日露戦争は単なる日本とロシア両国間だけの戦争などではなく、それは韓国・満州をつつみこんだアジアの戦争であり、欧米列強が介在し、帝国主義国間の利害が直接、かつ複雑に絡み合った、一つの世界大戦であったと見なされる。」（『日露戦争の世界史』序文）

ここには日露戦争を韓国・満洲をつつみこんだアジアの戦争とし、二十世紀における最初の世界大戦と見る非常にすぐれたとらえ方があります。私たちはここにはじめて主観的な日露戦争観を脱した、アジアの戦争という客観的な日露戦争観を見ることができるのです。だが話を急ぎすぎまい。崔氏は何よりもまず日露戦争を韓国の歴史研究者として見たのです。韓国から見ることによって、日露戦争が日韓併合に帰結するような、韓国と満洲をつつみこんだアジアの戦争であったというすぐれた歴史認識をもたらしたのです。しかし日露戦争を韓国から見るということは、すでにいうように日本の研究者の予想するところではなかったのです。日本だけではない、ロシアの研究者も、アメリカの研究者も予想しなかったことでしょう。そしてさらに重大なのは、韓国の側においても予想しなかったことであるのです。韓国の高校の近現代史教科書が日露戦争に触れることはほとんどないと、崔氏は本書で批判的に告発しています（本書第9章、第10章参照）。韓国のある歴史教科書は、「日本が露日戦争に勝利し、大韓帝国政府の改革は中断された」という一言ですませていると崔氏はいっています。韓国の国権を侵害し、それを否定することになる日露戦争、だからといってそれを批判的に分析し、記述する視点が韓国から直ちに生まれるわけではないのです。崔氏は教科書におけるこの欠落を問いながら、こういっています。

「もちろん、清日戦争と露日戦争は、われわれの歴史ではないと強弁する反論もあり得よう。そういえば、日本の学者たちも、露日戦争を自分たちの『祖国防衛戦争』であった、と言う。そして、白人の圧政から解放されるという希望を、アジアの人々に持たせた民族解放

戦争であったとも言われる。」（本書二三九―二四〇頁）

日本の研究者たちが日本人の立場から主観的に日露戦争を「祖国防衛戦争」だといい、その勝利がもった世界史的意義を自賛的にいうことに対応するように、韓国の研究者たちは露日戦争を自分たちの歴史から消し去り、近代国家への自立的国内改革を挫折させた日本による抑圧の記述をもって代えることになるのです。日本人が日露戦争についての見方から韓国問題を消し去るのに対して、韓国の人びとは「露日戦争」そのものを自分たちの歴史から消し去るのです。受難者の立場から日露戦争への視点が立ち上がることは、決して自明な、予想しうる事態ではないのです。このことは東アジアにおける歴史認識の共有をめぐって深刻な問題を投げかけています。

歴史の記憶の一国化

私は昨年（二〇〇六年）の四月、韓国の中央研究院に招かれて「日韓関係を軸に東アジア問題を考える」連続講義をしました。それは本書の第一部を構成するものです。その連続講義の最終回（第四講義）で私は「歴史の共有体としての東アジア」について話しました。この連続講義が行われた二〇〇六年の四月、東アジアは小泉前首相の靖国参拝がもたらした重い亀裂のうちにありました。その亀裂は相互に増幅するナショナリズムがもたらしたものでもあります。この亀裂という事態に正面することなくして、東アジアの、日韓の将来も語ることはできません。私はこの連続講義で日本ナショナリズムの批判的な解読を通して東アジアの問題を、そして日韓の問題を考えようとしました。その最終回の講義で私は小泉の靖国参拝が提起する歴史問題から話し始めました。

日本の一国首相として靖国に祀られる戦争犠牲者を追悼することは、他国に非難されるいわれのない正当なことだと、参拝支持者はいいました。しかしこの靖国参拝正当化の論理は、アジアの戦争とその記憶とを日本一国化するものです。二十世紀において世界戦争という性格をもってきた戦争とは、当然一国的なものではなく、戦争当事国だけのものでもありません。戦争とは「多国間の広い地域にわたる加害と被害、支配と従属、殺すものと殺されるものの関係をもちながら遂行されていく暴力的事態」だと私はいいました。もちろんこの関係は時と処にしたがって変わります。しかし日本は十五年戦争といわれるアジア・太平洋戦争を通じて基本的に前者の側に、すなわち加害と、支配と、そして殺すものの側にいたのです。とすれば、アジアの戦争の歴史と記憶を日本一国化することは、歴史を前者の側に単一化することにほかなりません。この歴史の単一化は、日本帝国の歴史に同一化することでもあるでしょう。首相の靖国参拝の行為を一国的な立場から正当だとすることは、アジアの戦争の歴史と記憶とを日本一国化することであるのです。戦争の歴史の日本一国化とは、戦争を主導した日本の立場への歴史の単一化であります。

戦争の歴史と記憶とをその戦争を主導した側に単一化することは、戦争がもつもう一つの側への思いを失わせることになります。勝者の戦争の記憶とは、ただ栄光の持続であり、敗者への残忍な殺戮の事実を記憶にとどめることではありません。戦争の歴史を戦争主導国日本の歴史と同一化し、単一化することは、その戦争が蹂躙した側への思いを、すなわち人間として当然もつべき想像力を日本人から失わせることになるのです。靖国参拝が独善的であるのは、それが戦争の記憶の日本一国化として、他者の傷《いた》みへの配慮を本質的に失っているからです。それゆえ首相の靖国参拝とは、本質的に非道徳だと私は考えます。道徳とは愛国をいうことではありません。何より他者への傷みをもつこと、あるいは他者と傷みを共有することです。もし東アジアにおける歴史の共有を望むなら、私たちは日本人としてこの地盤から考えねばならないでしょう。私が韓国中央研究院の講義でしたことは、日本人としてのこの地盤を確認しながら、歴史の共有への出発点に立つことでした。

日露戦争の世界史

私はこの序の文章を日露戦争をめぐる問題から書き始めました。日露戦争は日本人につねに一国的栄光の歴史として回顧されてきました。トランス・ナショナルな眼差しをもつことを自他ともに認められていた司馬遼太郎でさえ、この戦争を「祖国防衛戦争」と見たのです。日露戦争が日韓併合に帰結するような、韓国と満洲をつつみこんだアジアにおける世界戦争であったことを、十分な説得力をもって私たちに教えたのは崔文衡氏の著書でした。このことを可能にしたのは、すぐれた国際関係論的な方法と徹底した国際関係資料の精査にもとづく崔文衡氏の歴史認識と歴史記述の力です。だがこの書の成果を歴史家崔文衡氏の能力だけに帰してしまっては、この書がもつ意味を私たちはとらえ損なったことになるでしょう。

崔氏は日露戦争をあくまで韓国から、韓国研究者として見ているのです。しかし韓国から見るといっても、直ちに人は韓国から日露戦争を見るわけではありません。すでにふれたように、韓国のナショナリズムは日露戦争を自分たちの歴史から消してしまうのです。それは日本のナショナリズムが日露戦争に韓国問題を見ないことに対応することです。これらのことは本書における韓国歴史教科書をめぐる崔氏の批判的言及が明らかにするところです。では歴史家崔文衡は韓国からの視点を堅持しつつ、どのようにして日露戦争を歴史認識と記述の対象としてもちえたのでしょうか。歴史を一国化するナショナリズムが実は歴史的事実を隠し、歴史記述を曲げてしまうものであることへの批判が、歴史家としてまずなされねばならなかったでしょう。まさしくそれは本書における崔氏の教科書問題をめぐる発言の主要部をなすものです。しかしこの批判は、韓国のナショナルな立場からのきびしい非難と反撃に合わざるをえません。それは日本首相の靖国参拝を戦争の記憶の日本一国化だとして批判する私に、日本のナショナルな立場からの攻撃があることにまさしく逆対応する事態だといえます。韓国における崔氏の立場には、日本における私の立場よりもさらにきびしいものがあるでしょう。しかし崔氏は事実によって、すなわち氏の歴史認識がもたらす事実によって反駁します。だれがもっとも正しく韓国の悲劇という歴史事実を認識したのかと。

歴史を一国化しようとするナショナリズムが、必ずしも自国の悲劇を正しく認識するものではないとする崔氏は、アジアにおける世界史のなかで自国の運命を読もうとします。アジアにおける世界史とは、アジアという歴史的舞台における世界史ということです。それは国際関係論を専門とする歴史家崔文衡にして当然とられた方法だとみなされるかもしれません。しかしいま私たちが注目すべきことは、二十世紀初頭の韓国の歴史的悲劇をもっとも正しく記述したのは『日露戦争の世界史』であるということです。

アジアにおける歴史認識の共有を求めるものにとって、ここには沢山の大事な示唆があります。ことに日本の研究者は、この韓国の内側から発せられた歴史記述をめぐる批判を、同時にそれは己れにも向けられたものとして反復反芻して考える必要があります。

歴史の共有に向けて

二〇〇五年一月に開かれた講演とシンポジウムの終了後、懇親会の席上で私は崔氏との短い対話の機会をもちました。それはわずか数分の対話でしたが、私はすぐに氏を古くからの友人のように思いました。それは私だけが勝手に思ったのではありません。氏もまたそう思ったのです。それから私たちはソウルで、あるいは東京で何度か会い、飲み、しゃべりながら近現代史の認識を相互に補い、深め合ってきました。不思議な出会いでした。それと同じような出会いを私は小田実ともしました。もちろん小田の存在を私は古くから知っていました。しかし彼に直接に会ってからまだ十年にもなりません。会ってすぐに私は彼を古くからの友人だと思いました。彼も私をそうみなしたでしょう。友人となることで小田のいう「ただの人」の思想の意味を私はいっそう深く理解していったように思います。それは崔氏についてもいえることです。崔氏の韓国の歴史家としての仕事を、日本の友人として私はいっそう深く理解できるようになったと思います。崔文衡も小田実も私も同年輩です。つまり二十世紀のアジアをともに七十年にわたって生きてきたもの同士だということです。私たちは二十世紀を生きてきたもの同士として、お互いを二十一世紀のいま発言すべき同志として直ちに認め合ったということなのかもしれません。

本書は崔氏と私とのこのような出会いからなるものです。韓国と日本からそれぞれの二十世紀の生を歩みながら私たちが友情を成立させたように、本書が東アジアにおける歴史の共有に向けての大きな一歩になることを私たちは心から願っています。

二〇〇七年五月一日

子安宣邦

第I部　ナショナリズム・日韓関係・東アジア

――自己表象と他者認識の病理――

1　日本ナショナリズムの解読

子安宣邦

「日本民族」概念の成立

私はいま「日本民族」概念の成立を問おうとしています。そのことは日本民族のエスニックな起源を問うことではありません。後者のような問い、すなわち日本人の民族的なルーツをめぐる追究が、「日本人」とか「日本民族」といった概念がまだ成立していないところでなされることはありえません。ですから「日本民族」概念の成立が論理的にいえば先行することなのです。だが実際には「日本民族」概念の成立と、日本人の民族的なルーツをめぐる探究的な視線の成立とはほとんど同時的であるでしょう。つまり日本の民族的なアイデンティティをめぐる概念の成立と、日本における人類学や民族学、言語学や神話学といった近代的学術の成立とはほとんど同時的だということです。ことに後進的な近代国家日本は近代的諸概念のほとんどすべてをヨーロッパからの翻訳的転移として成立させるのですから、いま申したような同時性、たとえば「民族」概念の成立と民族的ルーツやアイデンティティをめぐる近代的な学術的視点の成立との同時性は当然考えられることなのです。

したがって「日本民族」概念の成立を問うということは、民族集団としての日本人というような概念が、そのルーツを求め、その集団的アイデンティティを求める学術的視点とともに、いつどのように近代日本に成立したかを問うことです。この成立への問いは、近代日本という国家《ネイション・ステイト》の歴史的連続性とその永続性を支えるような、そして日本人の集団的自己認識を自明性をもって構成させる「日本民族」という概念自体が、現在からそう遠くない時期の言説的な構成物であることを明らかにしようとするものです。

もちろん「民族」という概念は、ナショナリズムという政治的思想運動と不可分です。ナショナリズムが「民族」概念を作り出し、作り出された「民族」概念がいっそうナショナリズムを鮮明に性格付けていきます。したがって私がここでする「日本民族」概念の成立をめぐる考古学《アルケオロジー》的な検証作業とは、日本ナショナリズムの解読の作業であるのです。

考古学的解読とは

いま私がここでするのは「日本民族」概念の成立をめぐる考古学的な検証であり、日本ナショナリズムの解読作業であるといいました。ここで考古学《アルケオロジー》的探査といっても、それはすでにいいましたように、民族の成立起源を太古の歴史的地層に探るといったことではありません。民族の成立起源を探るといったことは、何らか民族的本質が歴史的に存在するという考え方に基づくことです。これを文化本質主義になぞらえて民族本質主義と呼ぶことができるでしょう。私のいう「民族」概念の成立をめぐる考古学的探査は、この民族本質主義に対立するものです。私はさきに民族的起源を求めるような視線は、論理的にはその「民族」概念の成立を前提にするといいました。たとえば日本の固有民族としての「大和《やまと》民族」といったとらえ方、いい方が成立してはじめて、その起源をめぐる探究的視線も成立するはずです。私がいう考古学とは、この「大和民族」というとらえ方、いい方の成立をめぐる探査をいうのです。つまり「大和民族」という概念は、はっきりとその成立の時期をもっている概念だということです。それはある時代の人びとの言説の上に成立してくる歴史的な概念だということです。考古学とはしたがって、その概念が歴史的な言説的地層に、いつ、どのように成立するかを探査することです。

この考古学はその成立をめぐる探査によって、その概念の自明な存立を疑わない立場、その概念の既定性によって本質主義的にこれを実体視する立場を揺るがすことになります。すでにその概念の成立をめぐる考古学的視点そのものが、本質主義的立場の解体的批判の上にあります。さらにこの考古学的な探究は、その概念をめぐる言説の解読作業を導いていきます。解読とは、その概念がある時代の言説上に、新たな意味をもった概念としてどのように構成されてくるかを読み解くことです。その解読作業はしばしば、その成立の恣意性や作為性を明らかにすることによって、その概念の自明な存立を揺るがし、その自己存立の背後に隠蔽され、排除された他者を見出すことで、その正当な存立を疑うようなスキャンダル暴露的な批判作業の性格をもちます。これはある時代の正統的な知や概念の成立をめぐる考古学的な解読作業がもたざるをえない性格です。日本近代知の考古学的な解読作業とは、ある実体的基礎の上にその概念の正当性や自明性を置いている「国語」とか「日本民族」といった概念を、非実体的な、歴史的な言説的概念として読み解くことであるのですから、国語学者や日本民族論者にとってこの解読作業はスキャンダラスなものたらざるをえないのです。

だが私がこうした考古学的な解読作業をするのは、ただ解体のための解体、批判のための批判をしているわけではありません。それは、既存のものの呪縛からいかに私たちが解放されて、これからの世界を自分たちのものとして考えていくかということのための基礎造りの作業です。

自明な世界の亀裂

考古学的解読といった私の視点や方法を見れば、それがいわゆるポスト構造主義と呼ばれるものと共通するものであることはすぐにお分かりだろうと思います。たしかに私がいう「考古学的解読」ということもミシェル・フーコーの『知の考古学』(1)によるものです。私はフーコーやデリダなど現代フランスのポスト構造主義者と呼ばれる思想家に多くのことを学びました。自分の思想的立場なり方法を考えるとき、私は彼らとの間の同時代性をより強く感じるのです。

一九六〇年前後からの思想体験なり思想経歴を、私は彼らと共通にしています。私は一九七〇年ごろから日本思想史を自分の専門分野にしてきましたが、この日本思想史における私なりの視点なり方法を明確にさせたのは『「事件」としての徂徠学』[2]という著作においてです。この本にまとめられた論文を一九八〇年代の半ばから私は書き始めました。その第一章「『思想史』の虚構」は丸山眞男の『日本政治思想研究』を批判したものですが、その論文を私は一九八五年にドイツのテュービンゲン大学に客員教授として滞在していたときに書きました。日本の外で考える時をもったということは重要です。私はこの『「事件」としての徂徠学』の執筆を通じて私の思想的立場なり方法を明確にさせていきました。その立場をポスト構造主義と呼んでも差し支えありません。しかしそれはあくまで二十世紀後期の思想的状況における日本で、その日本の思想と対決する私の立場なり方法として導かれたものなのです。

人間とは既にできている考え方なり、もののいい方のなかに生まれてくる存在です。いいかえれば、私たちは言説的な母胎《マトリックス》の上に生まれてくるのです。そこに生まれてくることによって、たとえば日本語を話す日本人であったり、日本語を話す外国人であったりするのです。そのマトリックスは近代という歴史性をもっています。すなわち近代という歴史的性格をもった言説世界に私たちは生まれてくるということです。「日本人」とか「外国人」、「国家」とか「民族」とか、そして「異民族」といった概念が既に存在しているような、それらがもう自分の生まれながらのものであるような世界に生まれてくるのです。日本の一人の歴史修正主義的な政治学者が、その著書の序文で「本書は、国家というものが、何よりも私たちの心のなかに現実在するということから出発する」[3]と書いています。これは、私たちがまさしく国家が生まれつき自分のものであるような近代世界に生まれてきたことを再確認しようとしているのです。この著者は日本の政治学者ですから、あの言葉は、「日本国家が、何よりも私たち日本人の心のなかに実在する」ことの確認からその著書を始めるといっていることになります。この日本の政治学者の言葉はいろいろなことを教えています。

この著者が自明性を再確認するかのようにいう「日本国家が、何よりも私たち日本人の心のなかに実在する」といったことは、日本の前近代、江戸時代にあっては少しも自明ではありません。大体、その時代にこういう言葉自体が成立しません。そうしますとあの言葉は、日本がそれなりに国民国家を形成した近代という時代の日本人の、その心における国家の自明性を再確認しているにすぎないことになります。そして二十一世紀のいま、この著者が現代日本人への警告としてあの言葉をいうとすれば、「国家というものが、何よりも私たちの心のなかに現実在する」といったことが、もはや現在では自明ではなくなったことをその言葉は示していることになります。たしかにこの著者は「国家相対主義」的風潮に抗しながら『国家学のすすめ』を書こうとしているのです。

『国家学のすすめ』はその意図に反して、「国家というものが、何よりも私たちの心のなかに現に実在する」といったことがもはや自明ではなくなった二十一世紀世界の現状を教えているのです。つまり〈日本という母胎《マトリックス》〉が「国家というものが、何よりも私たちの心のなかに現に実在する」ということを信じるような日本人を無条件に再生産するものではすでにないことを教えているのです。そこにすでに亀裂が生じているのです。その亀裂は、この世界のこのままの存立を危うくさせ、それを疑わせ、この世界の向こう側を覗かせようとするものです。そしてこの世界の亀裂を決定的なものにしたのは第二次世界大戦だと私は考えます。日本の太平洋戦争が、「国家というものが、何よりも私たちの心のなかに現に実在する」ことを信じる人びとを生み出す〈日本という母胎《マトリックス》〉に大きな亀裂を生じさせたのです。私は太平洋戦争にいたる日本の十五年戦争を日本近代の重要な帰結ととらえています。日本の近代が太平洋戦争という結果をもたらしたという認識です。この歴史認識が私を近代主義者から区別させ、また私をポスト構造主義的な視点と方法とに導くものなのです。近代の日本人が生まれつき自分のものだとしてきた概念や言説の成立をめぐる私の考古学的な探査は、それらの概念の呪縛から解き放たれて、これからの世界を考えるための基礎作業です。

「民族」という語彙

まず近代日本の国語辞典によって「民族」の語の成立事情を見てみたいと思います。ところで近代の国語辞典の編纂とは、一国の過去から同時代にいたる言語表現なり使用語彙を「国語」として、それらの公共的使用を認定する作業だということができます。国語辞典に登録されることによって、はじめてその語彙の公共的な成立をいうことができるのです。私がここで主として参照するのは明治期の代表的国語辞典『言海』(一八八九年—九一年刊)[4]と、その長期にわたる増補訂正作業を経て昭和期に成った『大言海』(一九三二年—三七年刊)[5]とです。まず後者『大言海』における「民族」の項を見てみると、そこではこう説明されています。

「みんぞく「民族」＝人民の種族。国を成せる人民の言語、民俗、精神感情、歴史の関係などの、共通に基づく団結。異人種、合して成るもあり、一人種中に分立するもあり。」

ここでまず「人民の種族」とあるのは、「民族」という漢語の語彙的成立事情を説明しているのです。「民族」とは「人民」とその「種族」から合成された語彙だということです。「民族」

の同意語として「民種」があるのも同じ事情によることです。この「人民の種族」としての「民族」の語の成立とその使用は、もちろん『大言海』の発刊時を四十年ほどさかのぼる明治の中期、『言海』刊行時の頃だとみなされます。ただ明治政府の命を受けた大槻文彦によって明治八（一八七五）年に編纂が始まった『言海』にはまだ「民族」も「民種」の語彙も見出されません。「民」字をもつ語彙として「民権」「民選」や「民事」といった近代の政治的、法律的用語は見出されても、「民族」はないのです。「民族」の語は、編纂作業終了時、明治十九（一八八六）年までは、公共的使用の語彙として認定されていなかったのでしょう。日本人の人種的アイデンティティにかかわる「民族」という語彙は、その時期の辞典上にはまだ成立していないということです。

なお『言海』には「人種」の項はあり、「人の種族、人の骨格、膚色、言語などの、粗《ほぼ》、一類なるを一大部として、世界の人民を若干に類別する称」という説明がされています。人類学的な人種的差異への視点は近代日本に早く受容され、「人種」概念はすでに辞書上に構成されているのです。これからすれば「人民の種族」という種族的「民族」概念の成立は、「人種」概念の成立からそう遠く隔たることはないとみなされます。恐らく『言海』の刊行時にはすでに「人民の種族」としての「民族」概念は成立していたと思われます。明治四十二（一九〇九）年刊行の『日本品詞辞典』(6) を見ると、「民族」の語彙は名詞リスト中に挙げられており、その同意語は

「民種」となっています。明治末年から大正期（一九〇五年―一九二五年）にかけて刊行された国語辞典・漢和辞典類は基本的に「人民の種族」の意として「民族」の語彙を収めています。

ところで『大言海』は「人民の種族」として「民族」の語彙の成立事情をいった後に、「国を成せる人民の言語、民俗、精神感情、歴史の関係などの、共通に基づく団結」という解説を加えています。これは明らかに「人民の種族」という人種的な概念とは別の新たな「民族」概念の成立を告げるものです。単一の政治的共同体のなかに、歴史的文化と故国を共有するものすべてを結びつける文化的、政治的紐帯としての「ネーション」概念[7]が、「民族」の語によって再構成されていることをこの説明文は教えています。アントニー・D・スミスがナショナル・アイデンティティの西欧的モデルという、「共通の歴史的記憶、神話、象徴、伝統」によって構成員を結びつける文化共同体としての「ネーション」概念[8]が、いま日本の「民族」の語に転移されているのです。『大言海』が成立し、刊行される一九二五年から三〇年末にかけての時代は、神話と言語と歴史的記憶を共にする日本人という「民族」概念が、日本帝国を支える理念として構成されていった時代であったといえるでしょう。

だがこのことは「人民の種族」としてのエスニックな「民族」概念が、文化共同体的な「民族」概念に置き換えられたことを意味するわけではありません。それはむしろ日本人という「民族」のより画然とした同一性の自覚と差異化の要求とに基づくのです。この自覚と要求とが種族的であるとともに文化的な「日本民族」概念をもたらすのです。

翻訳語「民族」

マルクス主義系政治学者の鈴木安蔵が、近代日本における「民族」概念の成立とその展開をめぐる貴重な考察をしています。それは昭和十八（一九四三）年、まさしく「戦中」と呼ばれる時期に刊行された叢書「民族科学大系」の一冊『日本民族論』[9]所収の論文においてです。明治前期の日本におけるナショナリズムの展開と「民族」概念の成立を検証する鈴木が、「ネーションン」概念の翻訳をめぐる貴重な指摘をしています。たしかに明治二十（一八八七）年代に入ってても「民族」概念はなお成立していないが、しかしその時代「ネーション」の政治学的概念はまったく日本に紹介されなかったわけではないとして、いくつかの翻訳例を鈴木は挙げています。彼はドイツの政治学者ブルンチュリー（Johan Kaspar Bluntschli）の『国家論』の翻訳と、同じくドイツの政治学者であり、招聘されて東京大学で講じたラートゲン（Karl Rathgen）の『政治学』（上巻「国家編」）の翻訳における例を挙げています。前者ブルンチュリーの『国家論』の第二巻「国民及国土」で「族民 nation」と「国民 Volk」とを定義している個所はこう訳されています。

「族民とは種族を相同じくする一定の民衆を謂い、国民とは同国土内に居住する一定の民衆を謂う。故に一族民にして数多の国家に分裂し、一国家にして数種の族民を併有すべしと雖も国民は則ち然らず。[10]」

そして後者ラートゲンの『政治学』の第三章「社会的要素」で「族民」と「国民」を論じた個所はこう訳されています。

「族民と国民とは其の名義相似て而して其の意義同じからず。族民とは種族を同じうする一定の民衆を云い、国民とは同国内に住居する一定の民衆を云う。族民は人種学上の意義にして法人の資格を有せず、国民は法律上の意義にして法人の資格を有す。[11]」

いずれも「ネーション」を「種族を同じくする一定の民衆」をいうとし、それに「族民」の訳語を与えています。私たちはここで「ネーション」が「人種」概念との結びつきを強くもった種族概念として定義され、それが「族民」の語をもって訳出されていることに注意すべきでしょう。すでにラートゲンは「族民」を「人種学上の意義」をもって規定しているのです。とすれば「人民の種族」を「民族」とする明治日本における種族的「民族」概念は、ドイツ系政治学における「民族」概念の系譜を引くものだと考えられます。

ホブズボームは一八七〇年―一九一八年のヨーロッパにおけるナショナリズムの変容を記して、「エスニシティーと言語がネーションでありうることの中心的意義を持つようになり、次第に決定的基準となっていき、唯一の基準と見なされることさえあった[12]」といっています。十九世紀後期ヨーロッパを席巻するこのエスニックな「ネーション」概念は、ナショナリズムとともに近代国家建設期の日本に転移されるのです。ところでブルンチュリーやラートゲンの故国ドイツは、明治四（一八七一）年にプロイセンを盟主にしたドイツ帝国として統一されます。同じ一八七一年にはイタリアもまた近代統一国家として再形成されます。ヨーロッパにおけるこれら後進国家は、先進資本主義国家との対抗意識を通じて、強力な民族国家としての統一を確立しようとするのです。しかもこの時期、すなわち十九世紀末のこの時期にヨーロッパは帝国主義的国家間の角逐の時代に入るのです。「ナショナリズム」とはこの時期のヨーロッパにおける発明でありました。

後進国日本が明治維新を経て近代国家の形成に向かうのは、十九世紀後期のこの同じ時期においてです。かくて後進国日本における近代国家の形成はその範を、ヨーロッパにおける後進的国家であるドイツ帝国に求めていくことになるのです。日本帝国憲法ばかりではなく、「民族」概念もまたドイツ的に再構成されるのです。同一種族的な「民族国家」日本が、いまドイツ的「民族」概念をもって基礎付けられようとするのです。

「日本民族」概念の成立

志賀重昂や三宅雪嶺ら政教社同人によって明治二十一（一八八八）年に創刊された雑誌『日本人』は、明治政府の弾圧によって廃刊と、そして復刊することを何度かくりかえします。明治二十八（一八九五）年の廃刊の後、十余年を経て明治四十（一九〇七）年に三宅雪嶺を中心にして、誌名も『日本及日本人』と改めて再刊されます。この『日本及日本人』は、関東大震災によって一時休刊しますが、太平洋戦争の敗色が濃厚になる昭和十九（一九四四）年にいたるまで刊行され続けました。したがって『日本人』と、その後身の『日本及日本人』とは、一八八八年から一九四四年にいたる時代の、まさしく日本帝国の成立から、その隆盛の時期を経て挫折にいたるまでの時代の日本ナショナリズムの重要な証言者としての意味をもっていたことになります。

私はこの一月（二〇〇六年）、国会図書館で『日本人』と『日本及日本人』の創刊時からの目次を繰りながら、日本ナショナリズムの言説上の変容を追っていきました。私は少なくとも二十世紀に入ってからの『日本及日本人』の目次上には「民族」や「日本民族」の語彙が氾濫しているだろうとの予想をもっていました。しかし私が当初抱いたその予想は裏切られました。同誌の四十年に及ぶ刊行の過程で日本ナショナリズムをめぐるさまざまなタイトル上の表現が存在するにもかかわらず、「民族」ことに「日本民族」という語彙は昭和の初年にいたるまでほとんど目次のタイトル上には現れないのです。ところが昭和四（一九二九）年にいたってほとんど突然、「民族」と「日本民族」という語が大きな形で同誌のタイトル上に出現するのです。

『日本及日本人』の昭和四年十一月の一八八号は「世界進出号」と銘打って、「日本民族の個性と其の使命」「大東連合と日本の使命」といった「主張」を掲げ、さらに「民族は精神種なり」（日高瓊々《にに》彦《ひこ》）「世界興亡の原則を破る日本民族」（斎藤弔《ちょう》花《か》）「天孫民族の南米進出」（伊藤米二）「先ず我が国性に目覚めよ」（佐藤清勝）などの論説を並べているのです。さらに翌昭和五年五月の二〇二号は「日本民族及び文化研究」の特集を「民族原理」（日高瓊々彦）や「日本固有文化の淵源」（樋口喜一）といった論説で構成しています。この昭和初期の『日本及日本人』に唐突といってもよい形で出現し、そのタイトル上や誌面に踊る「民族」の概念は、もはやただ種族的なものとしてではありません。ここでは『大言海』が「国を成せる人民の言語、民俗、精神感情、歴史の関係などの、共通に基づく団結」と説明した「民族」、すなわち歴史的、文化的アイデンティティをもって結ばれた人間集団としての「民族」の意義が大きく附加されて、新たに優越的に差異化された種族概念「日本民族」が構成されているのです。日本神話を共有し、この神話的起源に発する皇統の連続性を誇るべき己れの歴史として継承し、王朝文化への憧憬の念を共にいだく日本人といった「民族」がここに存在するにいたるのです。この「日本民族」を優越的に差異化していく論理と素材とは、この概念とほぼ同時期に成立する日本思想史、日本神道史、日本精神史、そして日本文化史といった昭和の学術的言説が提供していくことになります。[13]

一九二五年から四〇年代にいたる昭和前期という時代は、自国の精神的、文化的伝統を学術上に再構成していくとともに、「日本民族」という概念をも成立させるのです。

「日本民族」概念の二重化

日本の昭和前期という時代は、満洲事変（一九三一年）から日中戦争（一九三七年）そして太平洋戦争（一九四一年）にいたる十五年戦争という対外的な緊張と戦争とに連ねられた時代でありました。それは日本帝国が欧米的な世界秩序の再編成を要求し、アジアにおける帝国的版図の確立を謀った時代です。日本を指導的国家としたアジアにおける新秩序の確立とは、昭和の十五年戦争を通じて抱かれ続けた帝国日本の理念であり、目的でもありました。その帝国日本によって再構成された「民族」概念、すなわちアジアにおける指導的国家日本の優越的差異化としての「民族」概念、それが「日本民族」という概念であったのです。「日本民族」概念を成立させるのは、十五年戦争とともに始まる昭和という時代です。

この「日本民族」はさらに王権神話に基づいて「天孫《てんそん》民族」として再構成されます。あるいは「日本民族」概念がその内部に本源的民族としての「天孫民族」概念を生み出すというべきかもしれません。「天孫民族」こそ昭和ファシズム期の天皇制国家日本が生み出した神話的「民族」概念です。天上の神との神話的系譜に連なる天皇の統治する「大日本国を形成せる中心の民族」であり、天上の神の国（高天原）から日本列島（大八洲）に移住したと神話が伝える民族が「天孫民族（大和民族）」であると『大言海』は説明しています。文化的アイデンティティをもって結ばれた集団的概念としての「民族」を辞典上で説く『大言海』が、同時に「天孫民族」の意義をも説いているのは、それがまさしく昭和前期に成立した国語辞典であることを証明しています。「天孫民族」とは、日本帝国に領有されて新たな国民となった外地住民に対して本土住民を神話的「民族」概念をもって優越的に差異化する概念であります。「台湾人といい、朝鮮人といい、血統的にも文化的にも、まだ完全に日本民族として渾融同化されたものでないことは事実である」と書く白柳秀湖は、その日本民族の中心になる民族を「天孫民種」というのです。「日本民族の核心となり枢軸となった民種は、いうまでもなく高天原民種、すなわち天孫民種でなければならないわけだ。高天原民種やがて原日本人である。(14)」

「日本民族」はここでは同心円的に二重化され、その中心の円内に「天孫民族」が存在することになるのです。これはまさしく台湾や朝鮮、さらに満洲をも含んだ日本帝国の成立に対応する「日本民族」概念の二重化です。同化的日本人に対する固有的日本人の区別が、原・日本民族としての「天孫民族」概念を要求するのです。

一九四五年の日本帝国の敗戦による挫折は、帝国とともに二重化された「日本民族」の概念をも消滅させたはずです。日本人にとって帝国の体験とは、支配と従属との関係において他言語民族を同化的に包摂する体験でした。日本人がした「本土―外地」という帝国的版図の体験は、国土について、民族について、そして言語について「内部―外部」という意識の二重化の体験でもありました。外部を包摂しながら、その外部はなお外部であり続けねばならないものとしての内部の尊厳化や絶対化が、帝国日本人の意識と言説の上で遂行されていったのです。国土のなかに原・国土が存在し、国語のなかに原・国語が存在し、民族のなかに原・民族が存在するのです。

帝国の挫折は、この二重化の意識をも挫折させたのでしょうか。再び大国化した戦後日本は、この二重性を変容させながら再生させているようです。「国語」が死滅して、「日本語」が生まれたわけではないのです。(15) 内部「国語」と外部「日本語」との併存は、現代日本の二重性を端的に物語っています。教科書問題における歴史見直し論とは、まさしく内部「日本」の執拗な再生の要求です。あの日本の政治学者が、国家を日本人の心の内に強固に再確立することを願って『国家学のすすめ』を書いたのも同じ要求に立ってです。

注

（1）Michel Foucault, *L'archéologie du savoir*, Editions Gallimard, 1969. 邦訳は中村雄二郎訳『知の考古学』河出書房新社、二〇〇六年。
（2）『「事件」としての徂徠学』青土社、一九九〇年。同、ちくま学術文庫版、二〇〇〇年。
（3）坂本多加雄『国家学のすすめ』ちくま新書、二〇〇一年。坂本は新しい歴史教科書を作る会の有力メンバーであった。
（4）『言海』は大槻文彦が文部省の命を受けて、明治八（一八七五）年に編纂作業を始め、明治十九（一八八六）年に完成させた。日本における標準的国語辞典としての権威を長くもっていた辞典である。
（5）大槻文彦による『言海』の増補訂正作業は明治末年から始められ、その作業は昭和三（一九二八）年の大槻の死まで続けられた。大槻の没後、関根正直・新村出の指導のもとに『大言海』の編纂作業は継承された。昭和前期の代表的な国語大辞典である。
（6）佐竹八郎『日本品詞辞典』六合館、一九〇九年。日本語語彙を品詞ごとに分類し、作文の用に供する目的で編纂された辞典。
（7）アントニー・D・スミス『ナショナリズムの生命力』高柳先男訳、晶文社、一九九八年。Anthony D. Smith, *National Identity*, Penguin Books, 1991。
（8）スミスは前掲書でこの西欧的「ネーション」モデルに、非西欧的モデルを対置している。

後者を彼はネーションの「エスニック」概念と呼んでいる。私はスミスによるこの「ネーション」の類別に類型化としての意味は認めても、西欧的・非西欧的という類別には同意しない。この書は近代国家形成における東と西、あるいは先進と後進という「時差」を認めることなしに展開される議論の通弊を免れていない。

（9）『日本民族論』（『日本民族大系』九）帝国書院、一九四三年。同巻に載る鈴木の論文名は、「明治前期における民族主義的思潮及び民族論」である。

（10）ブルンチュリー『国家論』平田東助等訳、明治二十二（一八八九）年刊。

（11）ラートゲン『政治学』上巻「国家編」山崎哲蔵訳、明治二十四（一八九一）年刊。

（12）E・J・ホブズボーム『ナショナリズムの現在』浜林正夫他訳、大月書店、二〇〇一年。E. J. Hobsbawm, *Nations and nationalism since 1780 : Programme, myth, reality*, Cambridge University Press, 1992.

（13）日本思想史や日本精神史という学術的言説が日本近代史における特定の時期に、すなわち一九二〇年から三〇年代にかけて成立するものであることは、すでに私は『日本近代思想批判』（岩波現代文庫、二〇〇三年）でのべている。

（14）白柳秀湖『日本民族論』千倉書房、一九四二年。

（15）この問題をめぐっては私の論文「『国語』は死して『日本語』は生まれたか」（前掲『日本近代思想批判』所収）を参照されたい。

〈コメント〉

日本ナショナリズムに対する知識考古学的批判と解体

金錫根《キムソッグン》（延世大学／訳＝任明信《イムミョンシン》）

世界化（globalization）と地域主義（regionalism）はいわゆる近代的な「民族（国民）国家」の位相を大きく変化させつつある。「脱国民国家化」ともいえよう。すでに韓国社会においても「民族主義は反逆」という話まで出ており、「想像の共同体」論議とともに「単一民族」意識に対する批判も提起されている。「民族」（nation）「民族主義」（nationalism）「民族国家」（nation state）が逆説的に改めて関心の的になっている。

日本の場合、歴史教科書や靖国神社参拝問題、平和憲法改正の動きといわゆる「普通国家化」の主張、そして独島《ドクト》に対する領土的関心などによって、周辺国家に過去の日本「民族主義」（ナショナリズム）の「記憶」を喚起させた。韓国の場合、不幸な「植民地」体験をしているだけに——それ自体、韓国の「ナショナリズム」に甚大な影響を及ぼした——、日本のナショナリズムの推移に対して反射的に敏感にならざるをえない。

子安宣邦先生の「日本ナショナリズムの解読」は近代日本とナショナリズムに関心を持ってきた私に貴重な教えを与え、多くのことを考えさせてくれた。また現在熱い議論の的になっている韓国の民族や民族主義論議にも大きな示唆を与えると思われる。

まず思想史方法論において子安先生は「ポスト構造主義」(ないし脱構造主義)の立場に立って「民族」と「日本民族」概念に対する知識考古学的接近と分析を流麗に駆使する。これらの概念がいつ、どのように、またいかなるコンテクストの中で成立したかを明らかにすることによって、民族は本質的なものないし実体を持つものであるという堅い認識——「民族本質主義」——に対して批判と解体のメスを突きつける。脱国民国家化の時代において、時代錯誤的に「国家」をすすめる歴史修正主義的政治学者がその批判の対象になる。そうした批判作業は一種の「呪縛からの解放」であると同時に「新しい世界観の模索」ともつながっている。

つづいて、「民族」という語彙また概念、そして翻訳によってさらに新たな意味が付け加えられる複雑な事情に対する整理と説明が際立つ。様々な「国語辞典」(『言海』『大言海』)と関連著作を駆使して証明して見せたのは、要するに「民族」概念自体が近代の産物として新しい概念であったこと、そして「日本民族」概念はそのうえに成立したということである。

特に注目に値するのは「『日本民族』概念を成立させたのは十五年戦争とともに始まった昭和時代」という主張である。その証拠の一つとして挙げられるのが、『日本及日本人』という雑誌において一九二九（昭和四）年から「民族」と「日本民族」という用語が大々的に登場し始めたことである。「日本民族」の概念とともに日本思想史、日本神道史、日本文化史などの学術分野も成立し、その概念に内実を提供したという。要するに「日本神話を共有し、その神話的起源に発する皇統の連続性を誇るべき己れの歴史として継承し、王朝文化への憧憬の念を共に抱く日本人という『民族』」である。「日本民族」の概念は「王権神話に基づき『天孫民族』に再構成」され「神話的『民族』」となる。「帝国」的構図の中においては『天孫民族』と編入してきた外地住民という二重のものになる。「本土と外地」「固有の日本人と編入した日本人」という対とともに元来の国土、元来の国語、元来の民族という概念が生まれてきたという。批判はここに止まらない。第二次大戦後に強大国として登場した日本は、過去のそういった二重性を「変容」させ「再生」させようとしていると指摘する。

子安先生の作業は日本ナショナリズムに対する知識考古学的批判と解体と考えられ、またかなり成功していると思われる。「日本民族概念の二重化（二重性）」を指摘した点や、今日的なコンテクストにおいて批判を加えられることに対しては特に敬意を払いたい。勇気ある批判であり意見である。

それではここからは、全体としては展開された論旨に共感しながらも一人の読者として抱くいくつかの疑問を述べさせて頂きたい。それはより正確な理解のためのものといってもよく、子安先生の論旨をきちんと読み取っているかを確認するための通過儀礼といってもよいだろう。またこのことが「ナショナリズム」という側面において日本と韓国のそれを並べて対比して見る一つの契機になることをも期待する。

（一）まず子安先生は語彙（用語）と概念にたいへん繊細な形で近づき、またそれらを駆使する方式をも提示している。説得力がある。だがここでは漢字語の「民族」、さらに「ネーション」（nation）の訳語にされるようになる「民族」という用語が用いられながらも、その一方では「国民国家」（nation state）、「ナショナリズム」も同時に使われている。（「民族国家」は見えるが）「民族主義」という用語を使っていないのは何故か。特別な理由があるのだろうか。これらにはそれぞれ微妙なニュアンスの違いのようなものがあるのか、あるのならどのようなものなのか。そして日本での用例にはどのようなものがあるのか。また「民族」と「国民」とが重なり合いまた分れる部分が重要な一つのポイントになると考えられるが、私は「民族」と「国民」とを、そして「民族国家」と「国民国家」とをいかに区分しているのかを知りたい。一言付け加えれば、韓国では従来「民族」「民族国家」「民族主義」という用語を好んで使ってきたが、最近意味をより客観化するために「国民」「国民国家」「ナショナリズム」を用いる場合も目につくようになった。

(二) 子安先生も「『民族』という概念はナショナリズムという政治的思想運動と不可分のもの」と述べているように、「ネーション」と「ナショナリズム」は緊密に絡んでいる。ところでそれら二つの間における重要な連結媒体はやはり「国家」――「国民国家(nation state)」ではないかと思う。「国家のない民族(植民地)」もたまにあるが、当然それも国家を求めてきたはずだ。現実的には近代的民族、国民概念よりむしろ近代「国家(state)」が同時的に、いや先に生まれたと見ることもできるのではないか。近代国家がまず登場して国民、民族を作り上げていく形である。要するに「国民学校」や「非国民」という言い方など。とにかくこの論文では近代国家の機能と役割については多少おろそかにしているような感がある。またこれに関連して、近代国家日本の形成過程において行使された「暴力」(violence)についても考えてみるべきではないかと思う。たとえば長い間独立王国として存在した琉球王国「沖縄」の併合と「北海道」の編入など。日本の「民族」概念において彼らはどのように位置づけられているのか。興味深い問題である。

(三) 「民族」という訳語の成立に関して nation や Volks との関連もいわれているわけだが、「民族」の概念は依然曖昧である。たとえば「多民族国家中国(五十六の民族で構成)」の場合、ここでの民族はネーションとは一定の距離を認めるべきものではないだろうか。むしろ「エスニック（ethnic）」（あるいはエトノス ethnos）に近いというべきではなかろうか。つまり「民族」にはネーションとエスニックの両側面が同時に絡み合っているというべきなのではないか。そしてネーションの概念にもわれわれのいう民族と国民の両方が一緒になっているのではないかということである。これらの曖昧さはやはり「民族」がネイティブのものではなく「翻訳」概念であるという点によるものと見るべきではなかろうか。歴史的に同質性の強い日本や韓国の場合、これまでは民族と国民のあいだの距離あるいは不一致が強く現れることはなかったが、次第に多民族社会や多文化主義へと移行していく中ではっきりと顕在化するのではないかと思う。要するに ethnicity と nationality の不一致現象である。韓国でも「混血」と呼ばれる人々（訳注——たとえば二〇〇六年韓国を訪問したハインズ・ワード Hines Ward。黒人系駐韓米軍と韓国人女性の間に生まれ偏見に耐えられず渡米、アメリカンフットボールの英雄となった。世界的なスポーツスターになった彼の存在は混血人への差別や偏見の強かった純血主義の韓国社会に様々な意味で大きなショックを与えた。）、中国の朝鮮族やベトナム人女性との結婚などで民族や国民、あるいはネーションとエスニックの問題が現実として現れているのである。

（四）子安先生は日本のナショナリズムについて非常に批判的な立場をとっているが、私はたいへん共感を覚えながらも討論のため敢えて日本ナショナリズムに肯定的な側面も認められまいかといった質問を提起してみたい。ナショナリズムが歴史的原動力として作動することになったのはヨーロッパにおいて、それも十九世紀以後のことだった。「主権」を有する「国民（民族）国家」を後押しする理念体系としてのナショナリズムは西欧「国際社会」の根幹をなすことになり、また東アジアに伝播また拡大してきたのである。「主権」を有する「国民（民族）国家」の形成は、十九世紀における東アジアのナショナリズムに課せられた第一の課題だった。「植民地」か、それとも独立した近代「主権国家」かの分かれ道にあったのである。多様な歴史的条件を負って日本は、非西欧社会でその課題を成功した形で遂行することのできたほぼ唯一の事例といってよかろう。

多少観念的な話ではあるが、日本のナショナリズム、つまり一国ナショナリズムとインターナショナリズム（国際主義）の間において適切にバランスをとる地点を設定することもできるのでは、と思っている。私は「東アジア的国際秩序」の解体の側面に注目し、その地点を日清戦争（一八九四年）あたりに比定してみたことがある。日清戦争以後いわゆる「非戦論」と呼ばれる反戦平和論が登場し、福沢諭吉（一八三五―一九〇一）と同じく日清戦争を「義戦」（a righteous war）に位置づけた内村鑑三（一八六一―一九三〇）の「転向（?）」も注目されるからである。彼は「義戦」が変じて「略奪戦（a piratical war）」になってしまったと非難した。本当の問題は、日本ナショナリズムがそのバランス地点を超え完全に帝国主義的膨張、一般に「超国家主義」と呼ばれる「ウルトラナショナリズム（ultra-nationalism）」に向かって進んだことにあったというべきではないか。膨張と侵略を積極的に進めていったファシズム（fascism）と軍国主義（militarism）をこそ名指すべきではないだろうか。

（五）「日本民族」という概念が一九三一年から一九四五年にいたる、日本で「十五年戦争」と呼ばれる時期に「確認」された点については私にも異議はない。となると、この概念があの時期に「形成」されたと見るべきであろうか、それともすでに形成されていた概念が明らかに現れたと見るべきだろうか。その場合、明治と大正時代の日本ナショナリズムはどう見るべきなのか。日本近代史の暗い谷間にあたる「十五年戦争」時代は「対外的な緊張と戦争につながった時代」だっただけに、まさに「自己アイデンティティ（self identity）」が切実だった時代だった。ドイツのナチズムとイタリアのファシズムにおいても民族神話がとりわけ強調された。やはり極端な状況の下で顕在化したものとみるべきではないだろうか。子安先生も「太平洋戦争に至る日本の十五年戦争を日本近代の帰結」としているわけだが、その帰結点において日本ナショナリズムの原型を読み取ることは少々過剰ではないだろうか。「本土―外地」という差別的な認識――そのような状況において、もしかしたら自然なことではないだろうか――というよりそのような認識をもたらした膨張と侵略、そして「帝国的な版図」構築という現実と政策がより大きな問題だったのではなかったろうか。

(六)「日本民族」概念が形成されたといわれる昭和前期と「日本が再び大国化した戦後日本」という二つの局面をどう見るか。大国化した日本が「日本民族」の二重性を「変容」させながら「再生」させているとみているのは、局面の類似性を指摘したのかそれともある種の連続性を言っているわけなのか。その間にある第二次大戦後日本の民主化改革と経済成長の過程はまたどう捉えられるのであろうか。「内部の『国語』と外部の『日本語』の併存は、現代日本の二重性を端的に語っている」とあるように、現在韓国でも「国語」と「韓国語」、「国学」と「韓国学」が併存して用いられている。それらはいかに解釈すべきであろうか。

2 漢字論から見た東アジア

子安宣邦

私の「漢字」体験

私はここで漢字論という視角から東アジアの問題を考えてみたいと思っています。しかし漢字論という視角とは、いったい何を、どのように見ることなのでしょうか。私がこの著書を執筆するにいたった文化批判的視角を構成したのは、『漢字論』[1]の執筆を通してです。私がこの著書を執筆するにいたった経緯をまずお話ししたいと思います。私が漢字論という問題を構成するにいたった理由は、その経緯のなかにあります。『漢字論』を執筆することになった直接的なきっかけは、台湾における私の「漢字」体験にあります。それは「日本近代の儒学」をめぐる台北のシンポジウム[2]で報告した際の私の体験です。

そのシンポジウムで私は「近代日本の『儒教』の表象」という表題の報告をしました。私はその表題の報告原稿を日本語で書き、その中国語への翻訳を主催者に依頼しました。台北に到着して、中国語に翻訳されたものを見て私は驚きました。それは日本語原文における漢語語彙が、中国語の訳文では違う語彙で訳されていたからです。異言語間の翻訳としてそれは当然なのですが、しかしその当時私は日本語原文における漢語は、そのまま中国語訳文にも用いられるものとばかり思っていたのです。日本語文章中に使用される漢語とは日本語であることを、私はその時まで理解していなかったのです。だから表題中の「表象」という漢語もそのまま中国語訳文に用いられるものとばかり思っていたのです。「表象」は日本語だと訳者にいわれてはじめて、私は漢字・漢語についてその時までもっていた見方の誤りに気づいたのです。やがてそれは私だけではない、ほとんどの日本人が犯している錯誤であることにも気づきました。そしてこの錯誤の上に同文同種だとか、一衣帯水といった善隣友好的な標語もまた作られていることを知ったのです。

「表象」とは、英語の representation なり、ドイツ語の Vorstellung の訳語であることを共通に了解する日本の知識人サークルで使用され始めた日本語なのです。たとえ「表象」という語が漢和辞典に載っていて、中国古典におけるその語の用法が示されていようとも、しかし私が現在使用する「表象」はその語の背後に representation をもっている現代漢語であり、日本語で使用される語彙であるのです。この中国語への翻訳をめぐる体験を通して、私は日本語における漢字・漢語についてもってきた錯誤に気づいたのです。私たちが現在使用する日本語文は漢字とかな文字の混淆文、すなわち「漢字かな混じり文」です。また私がいまここに書いている文章も、この夥しい漢語なくしては成り立ちません。にもかかわらずそれらの語彙を私たちは「漢語」(3)というように他言語文字（漢字）からなる語彙と呼び、かつて国語辞典は「漢語」と「和語」の別を記したりしたのです。そう考えてくると、日本語における漢字・漢語そのものが、日本人の自言語意識や自他認識をめぐる多くの問題をひそめているといわざるをえません。まさしく「漢字論」の登場です。

漢字論は、中国の漢字を書記言語記号として受容し、自言語の表記記号としても用いた東アジアにおける言語とそれを用いる地域住民の自他関係をめぐる問題として考えられてきます。もちろん漢字とは中華帝国の政治文化を担ってきた、強い象徴性をもった文字記号です。漢字に対する自言語意識の成立は、これからのべますように、中国に対する、あるいは中華帝国的東アジアにおけるナショナルな意識の成立と不可分です。漢字論をこのように考えれば、それが漢字文化圏論などと異なって、東アジア問題をめぐるはるかに深い歴史的、文化的な内省と批判とに私たちを導くものであることを知るのです。

国学と固有日本の理念

私には台北のシンポジウムとは別に漢字論の構成を促したもう一つのモチベーションがあります。それは私における本居宣長(一七三〇—一八〇一)研究からくる動機です。宣長は国学と呼ばれる近世日本の学問の大成者です。国学者とは日本の古典研究を志向した近世の古学者ですが、彼らが国学者であるのは日本文化の固有性をめぐる最初の主唱者としてです。彼らに近代から高い評価が与えられるのはその点にあります。そして漢字という書記記号の異言語性を最初に言い出したのも、彼ら国学者、ことに本居宣長なのです。

日本の固有的古代を志向した国学者たちは、漢字と漢文化が導入される以前の純粋日本という古代を想定し、その古代を固有の言語、すなわち「やまとことば」によって満たされていた世界とみなしました。それは近代日本における「日本民族」概念の創出に先立つ「ネイティヴ日本」の創出です。しかしこの固有の古代に向けられた国学者の眼差しは、その固有性への志向に反する事態に出合わざるをえないのです。彼らが見出す古伝承の記録はすべて異言語文字である漢字と漢文によって表記されているものだからです。日本の現存する最古の記録とされている『古事記』[4]のテキストも変体漢文体といわれる漢文からなるものなのです。これは原初の固有日本を求める国学者たちの志向や作業が背負わざるをえない背理というべき事態です。あるいはそれは固有性という概念自体がもともと背負っている背理だといえるかもしれません。固有性とは一つの理念であって、その理念に導かれてはじめて固有とされる言語も文化も見出されてくるからです。純粋形が人為的抽象物であるのと同様なことです。まさしく本居宣長が『古事記』をめぐってしたのは、そのような理念に導かれる固有語発見の作業でした。

『古事記』のテキストは、すでにのべたように漢字・漢文表記からなるものです。変体漢文体、すなわち日本語風に訓読されることを前提に書かれたと推測される漢文体からなるテキストです。宣長はこの漢字・漢文表記からなる『古事記』テキストから、古語を忠実に漢文表記上に再現することに努めたという編纂者太安万侶《おおのやすまろ》の意図にしたがうようにして、古語を訓《よ》み出していきました。古語とは日本の固有言語「やまとことば」です。宣長は『古事記』の本文を日本古語「やまとことば」の文章として訓み下していったのです。『古事記伝』とは、『古事記』の漢字・漢文テキストを古語「やまとことば」で訓むことの可能な根拠、その徴証と方法とをめぐる逐語的な厖大なコメントの集積であります。この『古事記伝』四十四巻という圧倒的な成果によって、その注釈学的な作業自体が比類のない学問的作業として近代日本で神格化されていきました。

『古事記伝』の神格化とは『古事記』テキストから古語「やまとことば」を訓み出す注釈者の姿勢とその学的手続きの神格化でもありました。その神格化は『古事記』の漢字・漢文テキストからはたして日本の古語「やまとことば」を訓み出すことはできるのかという問い自体を立て難くさせるものでありました。近代のほとんどの国文学者、国語学者たちは、古えの言葉に忠実な宣長という注釈者と、その注釈作業の偉大な成果をただ称えるだけであったといえるでしょう。そのことは『古事記』の漢字・漢文テキストから古語「やまとことば」の文章を訓み出すことに本質的な疑いを差し入れることをしなかったことを意味します。同時にそのことは研究者たちが『古事記』テキストが漢字・漢文からなるものであることの重大性に気づいていなかったことをも意味するのです。

私が宣長による『古事記』の訓み方に疑いをもつようになったのは、私が「言説論的転回」とよぶ思想史の方法的な転換を遂げることを通してです。あるいは私における思想史の方法上の転換は、『古事記伝』の読み方の私における転換と共になされたというべきかもしれません。「言語論的転回」になぞらえて私が「言説論的転回」と呼ぶ思想史の方法上の転換とは、テキストの意味のとらえ方の転換です。テキストの意味をもっぱらテキストの背後に、作者との関係のうちにとらえようとするあり方から、そのテキストによって何が、どのように言い出されたのか、ということにかかわって意味を読もうとする言説論的な立場への転換です。テキストを私は、そこに何かが言い出されているテキスト、すなわち「言説」としてとらえます。そこから『古事記伝』は、宣長によって新たに言い出された注釈学的言説とみなされることになります。では『古事記伝』の何が新しいのでしょうか。それは「日本」を訓み出す注釈学的言説としてです。宣長によって『古事記』の神話を綴る漢字文は「やまとことば」で訓まれ、その神話は「日本神話」として、すなわち「日本の神々」の伝承として読まれるのです。『古事記』は宣長の注釈学的作業を通して日本の神典になるのです[5]。

さらに言説論的な立場への転換は、「言語」とか「民族」や「国家」などの概念からそれらの実体的な基礎を奪い、それらを言説上の構成物とみなす立場に私たちを導きます。それが昨日

（本書第1章）お話しした「日本民族」概念の言説上の成立を見る立場であります。こうして日本の固有古語「やまとことば」という言語概念自体が言説上における構成物だとみなされるとともに、宣長による『古事記』注釈作業自体が日本の固有古語「やまとことば」を創出する作業として見られることになるのです。

漢字と自言語意識

宣長の『古事記』テキストからの古語「やまとことば」による訓み出しは、『古事記』の漢字・漢文テキストの背後に古語「やまとことば」からなる口誦の伝承を想定します。宣長はこの口誦の古語である「やまとことば」を漢字表記のテキストから訓み出そうとします。ではこの「やまとことば」を訓み出すことは、テキストにおける漢字をどう見ることなのでしょうか。『古事記』本文冒頭の一句は「天地初発之時」と書かれています。これを宣長は「あめつちのはじめのときに」と訓んでいきました。ところで『古事記』の編者太安万侶が「天地初発之時」と冒頭の一句を記したとき、漢語「天地」とともに中国の天地的コスモロジーが彼のうちにすでに存在していたはずです。この天地観から離れて、ただ「天地」という語が用いられることはなく、天地的コスモロジーなくして、日本神話の宇宙生成論的な記述もまたありえないでしょう。日本古代七世紀の太安万侶にとって漢字・漢語が存在するとは、口誦の伝承がそれによって書記化されるというだけではない、それによってはじめて創世神話という物語テキストが成立することでもあるのです。漢語「天地」が古代日本の言語表記上に存在するということはそういうことです。漢語「天地」はただ古語「あめつち」の表記手段として古代日本に存在したわけではないのです。

だが宣長は漢字を古語「やまとことば」の表記手段として借りられたもの、すなわち借り字（仮り字＝仮名）とみなします。そうみなすことによって宣長は、神話的表記体系からトータルに漢字・漢語的世界観を排除しようとしたのです。宣長にあって古学の方法的な、また思想的な前提として強調される「漢意」批判とは、まさしくこの漢字・漢語的世界観の排除をいうのです。漢字とは「異国」の文字であって、それが「やまとことば」の意味体系に影を落とすものであってはならないのです。漢字とは、「やまとことば」が背負い込んでしまった異質者なのです。

『古事記伝』は近代日本に決定的な漢字観を残しました。それは漢字を借り物とする見方です。漢字を借り物とみなすことは、固有言語としての自言語が先在するという認識を前提にしています。この自言語意識にとって漢字とは異質的他者でありました。だからこそ自立的言語としての日本語（国語）の学的確立にかかわる近代日本の国語学者にこの漢字借り物観は強く支持されていったのです。

山田孝雄（一八七三―一九五八）は「国語における漢語」[6]に体系的な研究的視線を向けたはじめての国語学者です。山田は近世国学者の思想的系譜に自分を位置づけた国語学者でした。だがそのことによって彼を近代の例外的な国語学者とみなすべきではありません。むしろ一国言語としての国語への強い意識において、また『日本文法論』を構成する近代言語学的方法において山田は日本の近代国語学の正統に位置しています。山田は自らの漢語研究の意味と目的とをこう語っています。「かく国語の中に漢語がとり入れらるる事情並に漢語が及ぼせる影響を知ると共に、吾人はこれを逆に考へて、漢語が侵入し得ざる国語の勢力範囲を知り、以て国語の生命のやどる所何処にあるかを認むべく、又以上種々の方面の研究によりて間接に国語の本質をも認めうべきなり[7]」と。山田の国語意識において漢語は外部からの侵入者とみなされているのです。漢語とは外来者、すなわち外来語とみなされねばならないのです。「漢語は外来語たるに相違なくして純粋の国語として取扱はるべきものにあらざるや論をまたず」と山田はいいます。漢語を外来語とみなすことは、己れの側に異質を含まない純粋自国語（「純粋の国語」）を立ち上げることになることは、この山田の言に明らかです。山田はその点をいっそう明確にしてこういいます。「外来語といふ名称の有する意味は、自国語が本体として儼然として存し、それに外国より来たる語が混入せりといふ思想をあらはすものなればなり」と。

漢字・漢語を外来者とみなすことは、己れの側に受容者としての自言語の予めの存立を認めることになります。しかもその外来者を異質者と規定するとき、己れの側に構成されるのは純粋な自己同一性です。漢字がもたらすものを、その思想的意味体系を含めてトータルに排除しようとする国学者宣長の『古事記伝』を、私は奇妙な注釈学的成果だと考えます。しかしその外来性によって漢字を異質者として排斥する国語学者が構成する「純粋国語」という概念もまた奇妙な概念だといわざるをえません。この「純粋国語」という概念は近代における国学の継承者山田にだけ抱かれたものではないのです。「我々日本人にとっては、日本語はその中で生まれ、その中で成長してきた言語であり、我々のアイデンティティをなすものである」といった日本語をめぐる無邪気《イノセント》な言語的アイデンティティを語るものに共通に抱かれている概念です。実はこの無邪気な言語的なアイデンティティを語っているのは現代の国語学者なのです。そこから現在通用している教科書『国語学概論』における次のような「本来の日本語」といった言語像もえがかれることになるのです。

「文字を持たなかった日本語は、中国から伝えられた漢字によって書記活動が始まった。このように古代から、文字をはじめ、漢字音、漢語の使用など、中国語の影響を受けてきたが、それらを取り除くことによって、本来の日本語の姿を描くことができる。(8)」

言語における他者性

日本語への強い自言語意識に立った、あるいは職業意識的な熱い思い入れをもった国語学者ばかりではなく、すでに日本人の多くに外来性の標識を付された文字・漢字という見方は受け入れられています。この漢字への見方が、己れの側に固有言語「やまとことば」とか「本来的な日本語」といった言語表象をもたらすものであることはすでにのべた通りです。ところで固有日本語の存立をいうような自言語意識は、漢字を異質的な外来的な他者とみなす漢字観の成立と相関的でした。たしかに漢字はその「漢の字」という表記通りに日本語の中に他者性の刻印を負いながら存在し続けております。ここであらためて漢字論の視角から言語における他者性の問題を考えてみたいと思います。

どの文化にしても言語にしても、他者との交渉・交通の痕跡を自分のうちにとどめていないものはありません。他者との交渉・交通を抜きにしては文化や言語の形成も展開もありえないでしょう。私は文化の展開は他者との交通・交渉なしにはありえないという見方に立っています。ある民族の純粋固有な言語というものは抽象としてしか考えることはできないはずです。

そもそも純粋な固有言語というものは、比較言語学が推定する「祖語」のように人工的な言語学的抽象物でしかないのです。それは遺伝子工学が作り出す生物の純粋種と同じです。そうした「祖語」といった言語学的な抽象物を考え出した近代は、「民族語」というようなその民族固有の言語が存在すると考え、時間を遡行させれば純粋な固有言語としての「民族語」に出会うことができると考えるようになりました。この純粋な固有言語という言語表象も、比較言語学における「祖語」と同様に近代が作り出した抽象的な理念的構成物だと私は考えております。

ところで漢字というのは中華帝国の内外に、帝国の政治的・文化的支配を媒介する最重要な言語的な契機としてありました。多言語世界ともいいうる広大な中華帝国の一元的な帝国的支配を可能にしていったのは漢字という表記記号であったといえます。この漢字がもつ性格ゆえ、中国周辺の、それぞれの言語をもつ東アジアの諸国・諸地域にも漢字は受容されていったのです。漢字はそれら諸地域における政治や文化の発展を媒介する重要な言語的契機として中国から受容されました。ですから漢文表記からなる正史『日本書紀』を成立させた八世紀初めの日本は、小・中国的な律令国家日本として成立するのです。ちなみに「日本国家」とはその時期に東アジア世界にはっきりと成立するのです。[9]

漢字はそれら東アジアの諸地域の言語に残された「大いなる他者」としての中国文化の痕跡です。「大いなる他者」とは、それなくして自己の存立もないような、自己存立に決定的な意味をもった他者をいいます。漢字はまた自言語における他者性の証跡でもあります。他者性の証跡とは、くりかえしていえば、他者との交渉が、そして他者の受容がなされたことの痕跡です。この他者受容の痕跡は、言語の上に、文化の上にさまざまな形で残されます。ところで文化の自立的な形成は、この他者の痕跡をしばしば消していきます。日本においてトータルに消していったのが、「韓《から》の痕跡」です。これは私の明日（本書第3章）の講義の主題です。他者の痕跡であることを外形的にもとどめている漢字を、己れにおける外部的な異質とするところから、言語的な内部が、すなわち自言語の意識が、さらに固有言語の理念が形成されるのです。東アジアにおける近代とは、この自言語における他者の痕跡である漢字に外部性を刻印しながら、自己内部に政治的・言語的な「ネーション」の形成を遂げていった過程だといえるでしょう。韓国におけるハングルの形成やベトナムにおけるアルファベットによる言語表記化もこの過程として理解されます。

近代日本は漢字に外来的な異質的他者の刻印を付することによって、日本の言語的内部というべき固有日本語という言語的同一性を理念的に成立させていきました。固有日本語とは、すでにいいましたように、比較言語学における「祖語」と同様な人工的抽象物です。しかしこの純粋固有な言語「やまとことば」という言語表象とともに、近代的「ネーション」としての日本もまた成立してくるのです。だが日本の近代は漢字に外来性の刻印を付しながら、それを日本語の表記上から排除したのではありません。日本の近代化過程は、漢字・漢語を新たな文明導入の媒体としながら日本語の中に再領有化していった過程であるといえます。かつて漢文明を担うものとして漢字を導入していった古代日本の文明論的体験が、明治日本でもう一度くりかえされるのです。今度は近代西洋文明の受容を言語的に媒介する形で。外来的な他者の刻印を負った漢字は、今度は新たな文明を担った近代漢語として日本語に再領有化されていくのです。

漢字と文明受容

福沢諭吉は「一身にして二生を経る」という体験を『文明論之概略』[10]でいっています。明治維新の社会変革に際会して西洋文明を受容しつつある自分の前身は東洋ないし日本の伝統文化のうちにあったものであることをいっているのです。だが「一身にして二生を経る」体験とは、一人福沢だけのものではない、日本自体がその体験をしたのです。たしかに日本は近代にいたって西洋文明の全面的な受容という大きな体験をしましたが、しかしその明治日本の前身である伝統日本は中国文明の受容を通じて自らを形成してきたのです。

日本をはじめ東アジア諸国・諸地域にとって中国とその文明とは既にあるものです。中国とその文明の既存性とは、周辺諸国が負わねばならなかった歴史的ア・プリオリです。その中国文明とは漢字文明といっていいものです。中国の周辺諸地域の文化的な形成は、既に存在する漢字文明を前提にしてはじめて可能でした。したがってその受容とは、帝国的中心と周縁という関係における文明の受容です。この関係における文明受容の体験とは、文明化される体験といっていいものです。一般に文明の受容とは、先進文明の後進地における受容です。したがって文明受容とは、言語的にいえば、後進地言語に文明言語が翻訳されるのではなく、文明的言語が後進地言語に移植されることです。古代日本における中国文明の受容はまさしくそういう性格をもったものでした。漢字とその文化の移植が古代日本になされたのです。

明治日本における西洋文明の受容は、古代日本における中国文明受容の体験をくりかえすようでありながら、決定的ともいえる違いは、すでにこちら側に漢字文明という受容基盤が存在することです。これを福沢は、「一身にして二生を経る」体験と呼んだのです。たしかに明治日本の文明受容も、先進西洋から後進日本への文明の転移という性格を免れませんが、これは漢字文化という媒介者をもった転移なのです。明治日本における先進西洋文明の受容は、漢字を媒介にした受容だったのです。私はこの受容を、ヨーロッパの先進的近代文明の漢字による翻訳的な転移としての受容ととらえるのです。たしかにヨーロッパの近代文明を構成するあらゆる概念は漢語によって翻訳されました。しかし翻訳というと、西洋語に対応するシノニムがこちら側にあったように考えられますが、この時期の翻訳語とは基本的に造語です。新たな文明語が漢語によって創り出されたということです。したがってただ翻訳というのは適切ではないのです。翻訳的転移というのが正しいのです。しかしこの翻訳的転移を可能にしたのは、すでにこちらに存在していた漢字とその文明でした。

日本近代の初頭、ヨーロッパ近代文明を先駆的に受容し、紹介した日本の知識人たちは、福沢がいうように、漢学文明によってそれぞれの教養的基盤を形成していました。このことはこちら側に新たな文明を受容しうる教養的な、知的な基盤が存在していたことを意味します。無色の地に西洋が染め入れられたのではないのです。彼らは自ら備える漢学的知識や教養を組み替え、あるいは脱構築しつつ新たなヨーロッパ文明を受け入れていきました。漢語による翻訳語の成立過程とは、己れを構成してきた漢学的知識を脱構築する過程でもありました。西周《あまね》の『百一新論』や福沢の『文明論之概略』を見れば、彼らの著述そのものが解体と創出の作業であったことが分かります。ともあれ漢語は近代漢語（翻訳語）として作り直されて、あるいは作り出されて、近代日本語として再領有化されるのです。私が使用している近代日本語という言語は、この漢語による近代西洋文明の転移を通じて成立した言語であるのです。和漢混淆文というのが漢文の訓読を通じて成立した日本語文ですが、近代ヨーロッパ文明の転移を通じて新たな和漢（洋）混淆文という文章が近代日本に成立いたします。この新たな混淆文の「漢」の背後には「洋」があるのです。私が現に使用しているほとんどの漢語概念の背後には西欧語があるといえます。最初に挙げましたように私たちが使用する「表象」という語の背後には repres-entation があるのです。

「漢字文明圏」の崩壊

近代日本は文明語としての近代漢語を大量に創出することを通じて、外来性を印した漢字を再び領有していきました。この漢字・漢語の再領有を通じて日本は文明化を遂げていきました。この西洋先進国を模する形での文明化とは、日本を東アジアにおける先進国家として形成することでした。東アジアにおける日本帝国の成立とは、日本の近代漢語という文明語による広域的な支配の成立でもあったといえるでしょう。それは「同文同種」の帝国的幻想によって東亜の一体性を語ることでもあったのです。

一九四五年の日本帝国の挫折は、東アジアにおける漢字の運命からすれば、第三の時期に入ったことを意味するかもしれません。ここにいたって漢字は帝国的な領有から離れて、東アジアそれぞれの国家地域のナショナリズムに委ねられるにいたったのです。[11] 漢字は中国においてナショナルな簡体漢字としての一国的記号化を遂げようとしています。また韓国やベトナムにおいて漢字はナショナルな自言語表記体系の背後に消し去られています。また台湾においてはかっては旧帝国的イデオロギーによって、いまでは反大陸的な主張とともに漢字体系が保守されています。そして、その使用数の制限という以上の対策をもたない現代日本では、漢字は懐旧的な嗜好の対象やゲームの対象になりながら[12]、社会の激しい情報化のなかで漢語に代わるカナ書き・横文字の氾濫を招いています。東アジアにおける漢字をめぐる現実の事態はこのようであるのです。この事態は、「漢字文明圏」というような帝国的な幻想をもって東アジアを見ることが、まったくの時代錯誤であることを教えています。「漢字文明圏」としての東アジアは崩壊したのです。

私は漢字の問題も、東アジアの問題もこの事態の認識から始めねばならないと思っています。すなわち漢字の運命がそれぞれの一国的国家主義というナショナリズムの手に委ねられているかぎり、新たな漢字への視点は起こりようがないし、東アジアの運命もそれぞれの一国的国家主義に委ねられているかぎり、東アジアへの新たな視点も起こりようがないだろうということです。すでに問題は漢字論を超えております。

注

（1）『漢字論——不可避の他者』岩波書店、二〇〇三年。

（2）台北の中央研究院中文哲研究院で開催された「日本近現代儒学」研討会（一九九八年九月）である。そこで私は「近代日本の『儒教』の表象」という報告をした。

（3）「漢語」の辞書上の意味は、①漢字音からなる語。漢字の熟語。（対義語）和語。②漢民族の言語。中国語。（『広辞苑』）となっている。日本語における「漢語」は①の意味におけるものである。

（4）『古事記』の序によって七一二年に成立したとされている。その成立年についての言及はこの序以外にはない。

（5）私の「言説論的転回」にもとづく宣長読解については、『本居宣長』（岩波新書、一九九二年）、増補新版『本居宣長』（岩波現代文庫、二〇〇一年）、『「宣長問題」とは何か』（青土社、一九九五年。ちくま学芸文庫版、二〇〇〇年）を参照されたい。

（6）「国語における漢語」というとらえ方に注意する必要がある。これは漢語を国語における外来的な語彙と見るとらえ方である。ここから国語の中に固有語＝和語、外来語＝漢語の区別が生まれてくる。

（7）山田孝雄『国語の中に於ける漢語の研究』宝文館、一九四〇年。なお山田の漢語論については、前掲の拙著『漢字論』を参照されたい。

（8）白藤禮幸・杉浦克己『国語学概論』放送大学教育振興会、一九九八年。

（9）「日本」が地上にはじめて出現するのは、「倭国」の内乱「壬申《じんしん》の乱」に勝利した天武帝の朝廷が「倭国」から「日本国」に国名を変えたときであると網野善彦はいう（『「日本」とは何か』講談社、二〇〇〇年）。すなわち六八一年に施行された「飛鳥《あすか》浄御《きよみ》原令《はらりょう》」で、天皇の称号とともに、日本という国号が公式に定められた。また遣唐使節が七〇二年に使用したのが、日本の国号の対外的な使用の初めである。また『日本書紀』の成立は七二〇年である。

（10）福沢の『文明論之概略』をいま読み直すことの意義については、私の『福沢諭吉『文明論之概略』精読』（岩波現代文庫、二〇〇五年）を参照されたい。

（11）私はここで「ナショナリズム」の語を、東アジア人民の共有であるものを一国化していくような、一国主義的な国家主義を指して使っている。

（12）日本では民間機関による全国的な漢字検定試験が行われ、毎年、二〇〇万にのぼる幼年から老年に及ぶ人びとが受験している。その中級から上級にかけては、ほとんど実用的な意味はなく、難字・難句をめぐる一種ゲーム的な試験になっている。漢検の受験はボケ防止に漢字習得の効用がいわれるのと同種の性格をもっている。現代日本社会で漢字習得がゲーム化していくことの同時的な現象として、日本語文におけるカナ文字の氾濫がある。

〈コメント〉

「不可避の他者」としての「近代日本」——韓国、日本、漢字

任明信《イムミョンシン》（ソウル大学講師）

「近代日本」という「不可避の他者」

子安宣邦先生の「漢字論から見た東アジア」を、私は「不可避の他者」としての「漢字」を手がかりに「近代日本」の本質と正体を説き明かすドキュメンタリー、そして韓国の近代に対する一つのアレゴリーとして読んだ。それによって、東アジア共通または類似の近代体験を眺める貴重な示唆を得た。東アジア近代の諸問題に対する従来の関心にさらなる洞察のきっかけに巡り会う機会となったのである。このような感想は、私が九〇年代以来、専攻の中国近現代文学の枠を越え、諸「近代文学」を遷移や接触、模倣と再生産による文化現象として理解してきたのと関係がある。要するに、先進地域から舶来した読み物（叙事形態や書き方を含む）が各国の伝統や現実という特

殊の文脈で新しく生まれ変わったものとして見るのである。個性的な再生産過程としての東アジア近代一般に興味を抱いてきたともいえる。その延長線から、中国や韓国における近代とは「近代日本」から学んだものを自らのコンテクストで創り直した結果と、という言い方が可能であろう。とすれば、「近代日本」を「近代の向こう」から眺める行為とは、「近代日本」と深く関わった中国や韓国にそれぞれ一定の自己洞察の手がかりを与えるチャンスにもなるはずだ。そういう意味で、子安先生の「漢字論」は、特に韓国の近代国家づくりにおける「近代日本」の「不可避の他者」たることについて改めて考えさせてくれるものであった。

「他者」とはあらゆる近代、あらゆる存在や共同体の自己認識と自我の確立に不可欠なものである。韓国と日本の「他者」にはそれぞれどのような共通点と相違点があり、また如何なる在り方で関わり合ったのであろうか。私はこの「漢字論から見た東アジア」を通じて、韓国の近代体験における矛盾と錯綜がまさに「漢字」との関わりに象徴的に表れていることに改めて気づかされた。つまり「漢字」と「ハングル」との関わり方、そしてそれらに跨っている「近代日本」との関わり方に凝縮されているということである。そこから啓発され、近代以来韓国における「漢字」の在り方に絡んだ「他者」の問題について考えたことを簡単に述べてみたい。「漢字論から見た東アジア」の一つのケーススタディーになるかも知れない。実質的には「他者としての漢字」、そして「近代日本を描いた近代漢語」、それに韓国の近代認識やアイデンティティの最大の拠り所となった「ハングル」の「三重変奏曲」としての韓国近代（現代）の話になるであろう。

韓国の本格的な近代国家づくりは、植民地時代（一九一九―四五）と韓国戦争（一九五〇―五三）で大幅に遅れをとった。事実、本格的近代化は一九六〇年後半、産業化とともに行われるようになったと言って良い。現代に入って近代の課題を遂行したようなものである。近代化における一般現象として、韓国にも何らかの「他者」が前提とされた。ここで、それまで決着のついていなかった旧「中華文明」との関係、そして「日本」――具体的に近代国家日本が拡散させた文化や習慣および諸制度で象徴される――の存在は、この後発近代国家大韓民国にとって必然かつ不可欠な「他者」であったと考えられる。解放後韓国における「反日」現象の本質には、植民地朝鮮以来、また韓国が近代国家としての内実を満たしていく上でなお絶えず機能してきた「他者」でありながら、しかし近代的自己形成に深く関わった「近代日本」、この「不可避の他者としての近代日本」への複雑な思いが潜んでいると思う。

韓国における「二重の他者」――「漢字」

韓国の近代国家づくりにおける「漢字」には、日本と同様、近代体験の本質的な問題が凝縮されている。まず「漢字」は「他者としての中華文明」を象徴しながら、「不可避の他者としての近代日本」を媒介するものでもあった。ところが中華文明の象徴としての漢字の他者性とは違って、「近代日本」は異なる次元の「他者」であった。近代的自己を形成していく上で決定的に影響した「不可避の他者」だったのである。したがって否定されるはずだった「漢字」は、「不可避の他者、漢字」でもって築き上げられた「近代日本」によって再び不可欠な存在になりもどったわけである。近代以来韓国が遭遇した「漢字」問題は、このようにあってもなくても困る矛盾をめぐって起こっている。この苦境を乗り越えられたのは、「ハングル」という、日本の仮名とは違って基本的に漢字の要らない独自のエクリチュールの存在のおかげであるといえよう。「他者としての漢字」と「漢字を媒介にする不可避の他者としての近代日本」、そのジレンマを何とか縫合してくれたのが「ハングル」の存在だったと考えられる。要するに、韓国は植民地時代以来、そして現代になってようやく遂行されるようになった近代国家づくりにおいて、「中華文明」の象徴としての「漢字」を否定しながらも「漢字を媒介にして」成り立った「近代日本」、この「不可避の他者」のエッセンスのようなものを見事に自分のものにすることができたのである。

「中華文明」は、十九世紀末「大韓帝国」が近代化への一歩を踏み出す上で、第一に「他者」にすべき存在であった。それゆえあらゆる近代的な動きは「中華文明」からの独自性を見出し、証明することに集中していた。ところが、日韓併合で具体的な取り組みは徹底せず挫折する。その後は中華文明は逆に植民地時代における「不可避の他者＝近代日本」に抵抗する拠り所となり、表面的には遅れた旧文明として否定されながらも生き続けることになった。象徴的なことは、儒教国家として長い歴史を持つ韓国に不可欠な中華文明の他者化の核心に「孔子」が存在したはずだが、今まで本格的な「孔子論争」は起こっていない。結局「中華文明」との関係性は、解放後第一次産業化がほぼ終了する頃「国学」が盛んになってようやく名実共に整理がつく。「漢字」が「他者」として韓国社会からほぼ完全に追放されるのはこの時期と重なり合う。

韓国にとって「漢字」は、歴史を通して文化主体としての自己形成に不可欠な要素を提供した「中華帝国」と「日本帝国」の痕跡である。そういう意味で、「漢字」とは前近代から近代にかけて二つの帝国の間で逆説的に独自性と個性を育み、ついに独自の国家を樹立した韓国人にとって「愛憎の対象」ともいえる存在である。「中華帝国」の一部、いや、十七世紀最後の漢族王朝（明）の滅亡以後は「中華」の正統的な後継者を自任した朝鮮、そして「日本帝国」の一部としての歴史をもっぱら「屈辱の歴史」として記憶してきた近代以来の韓国、つまり二つの帝国の狭間で激動の時間を乗り越え近代的な「民族国家」の成立を果たした韓国にとって、「漢字」はまさに「二重の他者」だったと考えられる。しかもこの二重性はお互い完全に矛盾するものであった。

福沢諭吉の比喩どおり近代の日本が「一身にして二生を経た」のであれば、韓国は「漢字」という「二重の他者」を通じて「中華文明」「西欧近代」そしてもう一つの「近代日本」、まさに「一身にして三生を経た」ものと言えまいか。

近代韓国語──「漢字」「近代漢語」「ハングル」

「近代日本」を韓国は「漢字」の代わりに「ハングル」で見事に置き換えることで、もう一つの近代を築き上げることができた。韓国のナショナリズムは「言語ナショナリズム」の形で現れる場合が多く、また「言語ナショナリズム」は普通「ハングルナショナリズム」を意味する理由がここにある。「ハングル」こと「韓の文字」(一四四六年頒布)は、当時の公式エクリチュール即ち漢文(古典中国語)と実際の言語生活との乖離から来る問題を解決するため創られたといわれる。ところが漢字(漢文)とハングルの関係は日本語における漢字と仮名のそれとは本質的に異なる。とりあえず「読み下だし」の習慣が存在せず、日本語でいえば「訓読」しかない。実際ハングルの創製は、いわゆる近代的な精神の芽生えという側面とは裏腹に「漢字の発音記号」としての機能も否定できず、しかも創られて数百年も公的なエクリチュールとして遇されなかった。

日本語と同じ語順と類似の文法体系を持つ韓国語にとって中国語はそもそも系列の

異なる言語であるが、地理的に大陸とつながっている条件もあって遠い昔から韓半島の言語にいろいろな形で関わってきた。自然ながら韓国語には元々中国から伝わった、あるいは漢字で当て字にされた語彙も少なくない。甚だしくは古代中世の韓半島の土着住民の語彙（いわゆる「純韓国語」）が漢字に追われ消えていき、今日の日本語にその痕跡を残している場合もある。近代になって韓半島の言語状況にもっとも大きな影響を及ぼしたのは、異論なく日本から輸入された新造語である。その大半が「近代漢語」であり、近代韓国語はその影響の下に形成されたと言ってよい。ちなみに、中国語における日本からの「近代漢語」も程度の差はあれ、類似の意味を持つ。日清戦争以後中国も近代を学びに遠く欧米まで行かず、日本に大量の留学生を派遣するようになった結果である。中国語や韓国語における数えきれない日本発「近代漢語」の存在は、両国近代文学の担い手（近代国語の創り手）がほとんど日本留学帰りだったことに直接起因する。

韓国（当時の朝鮮）では一九二〇年代の「新文化運動」以来「漢字」や「漢文」の代わりに「ハングル」が近代的かつ大衆的なエクリチュールとして定着していった。一九四九年大韓民国成立を機に「ハングル」は公式かつ唯一の国の書記体系となり、「漢字」は「近代国家大韓民国」とその国民のアイデンティティ確立のためいずれ片付けられなければならない存在となった。一部語彙の漢字兼用から「ハングル専用」に移る過程で一定の不便さ——概念語や学述用語の大半を占める元「近代漢語」をハングルのみで表記した場合生じる同音異義語（日本語においてほど多くはないが）など——もあったが、「文学語」と「学術語」として確実な地位と中身を獲得していくにつれほぼ解決した。「国語を愛することは国を愛すること」「国語純化運動（ハングル専用と外来語の排除）」といったスローガンは、九〇年代以来あまり聞かなくなった。「ハングル」は実定性（positivity）を獲得したのである。近代韓国が「中華文明」「西欧近代」「近代日本」、まさに「一身で三生を経る」ことのできた背景に「漢字」と「ハングル」の弁証法があり、その間に「不可避の他者」としての「近代日本」が跨っていたわけである。

「漢字論から見た東アジア」でみる「漢字論」は、近代体験における「他者」または「不可避の他者」の問題をいかに扱うべきか、我々韓国人に貴重な示唆を与えてくれる。自分の成立において欠かせない、しかしいずれ排除しなければならない「他者」、そして我々は常に必要に応じ、意識かつ無意識に何らかの「他者」を何らかの形でつくりつつあることにも改めて気づかされた。それに「他者」をつくりだすことは結局何らかの疎外を生み、しょせん自分自身も疎外の対象になりうることをも考えさせられた。まさしく「東アジア問題をめぐるはるかに深い歴史的、文化的内省と批判」へ導かれた思いである。

二十一世紀における「漢字」の運命と東アジア

中韓国交回復（一九九二年）以来、盛んになった交流と国際社会における中国の位相を背景に、追放された「漢字」が再び韓国社会に迎え入れられている。中学高校には漢文（漢字）科目が設けられ、漢字能力検定試験も広く流行っている。解放後約四十年にわたり韓国語の純粋性を傷つける他者的存在とみられた「漢字」は、急速に英語と同様国際化時代を生きるもう一つの必修教養となりつつある。かつて「中華文明」への徹底した自己同一化で自分の一部ともなった「漢字」は、「他者」として排除された時代を越え、中国語や日本語と並んで一つの「外国語」（東アジアにおける共通語）として扱われる観を呈している。このまま漢字教育が広がっていき、また中国語と日本語の学習者が増えれば、韓国語における数多くの語彙が中国語・日本語とも共通していることにより多くの韓国人が気づくであろう。またいずれそれらがほとんど元来日本発の「近代漢語」だった事実を知る日も来るであろう。韓国における「近代日本の痕跡」を必ずしも「屈辱の記憶」としてではなく、屈折した東アジア近代における「不可避な体験」といった新しい意味での捉え方が広まる日の到来も考えられる。時間はかかろうが、韓国人の対日感情や認識にも何らかの変化が起こりうる有意義な一歩にもなる可能性を考えてみるわけである。

最後に今日における漢字の文字形態の問題だが、中国、日本、台湾それぞれ「簡体字」「日本略字」「繁体字」に分かれている。韓国人は「東アジアの共通語」としての「漢字」に「繁体字」を「中国語」としては「簡体字」を学んでいる。しかしこのような環境で起りうる面倒さを私はそれほど絶望的に見ていない。どうせ中国語学習は「簡体字」になるしかないだろうが、かつて中国の最大の悩みだった文盲率がほぼ克服された今（二〇〇〇年現在七％前後）、普通の中国人がさらに「繁体字」に慣れるのはさほど困難なこととは思えない。実際、すでに「繁体字」地域と「簡体字」地域の人々はインターネット上で盛んに行き来している。その他に考えられる部分は、いずれ広い意味での市場論理でじっくりと決着がつくものと思われる。一方、韓国が国家として存在する限り「ハングル」の位相が根本的に変わるとは考えにくく、このまま「中国語としての簡体字」「漢字としての繁体字」で行く可能性が高いと見る。ただ、独自の略字を使い日常の言語生活に漢字の欠かせない日本の場合は少々面倒なケースになるかも知れない。が、今後国境を越える盛んな接触の中で「漢字」の存在を媒介に得られる価値の方に私はより注目したい。「漢字」は近代以来お互い否定し忘却し続けた「自己形成のドラマにおける交流の記憶」を呼び起こす手がかりとしての意味を持つだろう。

3 「韓《から》」の痕跡と「日本《やまと》」の成立

——日韓関係の過去と現在——

子安宣邦

「韓」の痕跡

「日韓関係の過去と現在」という表題で、日本と韓国との関係をめぐる問題を私はいま考えようとしているわけですが、しかし私の考察はあくまで日本側からのものであることを予めお断りしておかねばなりません。認識者なり理解者としてこの関係をめぐる問題に一定の距離をもちますが、しかし私は第三者の立場にはありません。私はこの関係の内部の、日本の側にあるものです。その日本の側から、既存の関係から抜け出て、どのように新たな関係を作りうるかを考えたいと思っています。(1)そのためには、日本と日本人にとって韓国とは何であったのか、という反省的な自己認識が不可欠です。その自己認識とは、日本人による韓国にかかわる歴史認識の問題です。ただ私はここで現実の政治的問題としての歴史認識を説こうとしているのではありません。日韓関係を重要な事例として、支配と従属、加害と被害という関係をもった二国間の問題を前者に属するものの立場からどう認識するのか、という問題として提示していこうと思っているのです。

私が住む川崎市北部の登戸という町は多摩川沿いにあります。その登戸の多摩川をはさんだ対岸は東京の狛江《こまえ》市です。学生時代に私はまだ農村の面影を残す当時の狛江町に友人を訪ねて、多摩川の橋を渡ってよく自転車で行ったものです。この武蔵国多摩郡狛江郷を前身とする狛江町という地名と高麗《こま》との関係についてその頃から私は聞いておりました。日本の辞書を見れば、「高麗《こま》、狛《こま》」とは、「高句麗の称、高句麗からの渡来人の氏称」(『広辞苑』)とあります。「江」とは海が陸地に入り込んだ「入り江」のことですから、「狛江」とは高麗人《こまびと》の住む入り江という意味になります。狛江とか登戸は、かって多摩川が海(東京湾)に注ぐ地点であったのです。昭和二十六(一九五一)年に狛江亀塚古墳の発掘調査がなされ、その副葬品などによって高句麗系古墳との類似性が指摘されました。しかしこれらの地名や遺跡によって、この地における高句麗系渡来人の最初の居住が推定されたわけではないと研究者はいいます。その周辺古墳の調査は、さらに古い時代からの居住者の跡を見出しているからです。だが考古学や歴史学が、五世紀前の狛江の遺跡によって何を読んでいくかは別として、この地名や遺跡に「韓《から》」の痕跡を認めることは当然できることです。

私がたまたま身近の狛江に見出したような「韓」の痕跡を、私たちは日本列島のいたるところに、地理上ばかりではなく、歴史上にも、それこそ随所に見出すことができます。だが痕跡とは、それと気づくものにとってのみ何ものかの跡としての意味をもちます。狛江はそれを痕跡と気づくものにとっては高麗人の記憶をとどめる記しであって、気づかぬものにとっては武蔵野の面影を僅かに残すだけの東京郊外のただの地名です。

痕跡とは何か

痕跡とは何でしょうか。痕跡とは、過ぎ去り、消え去ってしまって、もはや姿を見せぬものの跡です。あるいはある物が作り出され、生み出されることに大きくかかわりながら、それが作り出され、生み出された後からはもはや見えなくなってしまったものの跡です。その作り出された物を目の前にしては、それを作り出す過程に埋もれたものの痕跡を、人はもはや認めようとさえしないかもしれません。「韓《から》」とはそのような痕跡なのです。作り出され、生み出されたものは「日本《やまと》」なのです。生み出された「日本」にただ痕跡だけをとどめて消え去ったもの、あるいは消し去られたものが「韓」です。人はもはや奈良に懐かしい大和の古都のみを見て、那羅《なら》の地名における韓の由来を尋ねることなどはしないのです。

歴史とは過ぎ去ったもの、過ぎ去ったことの記録であるかのようです。だが歴史は過ぎ去ったこと、消え去ったことを正しく記録するのでしょうか。人が歴史を記し、歴史を編むとは、すでにそれ自体が再び記すことであり、再び編むことです。すなわち過ぎ去ったことが、歴史記述で記し直され、編み直されるのです。歴史が人の手になる記録であるかぎり、どこまで遡ってもこの再記録という性格を歴史記述は免れません。一国の歴史を記述するとは、いまこの国を成す支配者たちがどこから来て、どのようにして国を成すにいたったかを記録することです。だがその記録とは、選び取られた伝承資料による再記録であることを免れません。再記録とは記し直すことです。どう記し直すのか。一国を支配する王権の神聖な始まりと、それに由来する正統的権力としての王たちによって国が成るにいたった歴史としてです。この自国の成立にかかわりながら異とされるものは、この記し直された自国の歴史からは、そこに痕跡をとどめるだけで隠され、消し去られます。一国の正統史とは、隠され、消し去られた異なるものの記録でもあるのです。

「日本」の成立

『古事記』『日本書紀』とは日本のもっとも古い記録です。中国の歴史書に模した『日本書紀』を称して、これを最古の歴史書ということは正しいでしょう。たしかに書名どおり、これは「日本」の正史です。だが『古事記』は神話的伝承を含む朝廷の説話集といった性格の書です。これを歴史書というとすれば、何に起源をもって、どのように国を成したかという王権の起源神話をもった物語としてです。この二つの歴史書は天武天皇の勅命にしたがって編纂されました。天武とは『万葉集』に「大王《おおきみ》は神にしませば」と歌われているように、神として仰がれた最初の天皇です。天武はまた「天皇」号で称された最初の天皇でもあります。天皇とは日本を中心とした天下を支配する究極的権威者の称であり、天《あま》つ日《ひ》嗣《つぎ》としての神聖な王を意味しました。この天武によって日本は本格的な国家の建設に向かうのです。

ところで七世紀後期における日本の国家建設を方向付けたのは、六六三年の白村江における唐・新羅連合軍との戦いによる敗北でした。多数の百済の亡命者とともに日本の軍勢は敗退しました。日本は朝鮮半島との間に境界を設け、防備体制を敷くとともに国家の体制的な整備を急ぐことになるのです。六七二年に壬申の乱に勝利して天武が即位し、飛鳥浄御原宮《あすかきよみはらのみや》に遷都して国家建設を本格化させます。天武は浄御原令《きよみはらりょう》の編纂を命ずるとともに、「帝紀」と「上古の諸事（旧辞）」とを記す歴史編纂作業の開始を指示するのです。この勅命にしたがってやがて『古事記』（七一二年）と『日本書紀』（七二〇年）とが成立いたします。この仕事を通じて、「大王の権威とその首長たちに対する支配は、神々の時代から約束されたことであるとする神話、それを実現するために戦った大王の祖先たちの物語が、はじめてここに最終的に形を与えられることになった[2]」と網野善彦はいっています。なお天武の没後、六八九年に即位前の持統天皇によって浄御原令は施行されました。この令においてはじめて「倭」にかわる国号「日本」が、「大王」に代わる称号「天皇」が定められました。「日本国」が制度的にはじめて成立したのです。「日本」の成立をこのように見てくれば、『古事記』『日本書紀』とはこの「日本」の成立の事後的な再記録だといえるでしょう。この二つの歴史書は、この「日本」とその支配者「天皇」とがいかなる起源から、どのようにして国を成すにいたったかの物語を伝承資料によって再構成しているのです。ところでこの「日本」と「天皇」とが歴史上に成立してくるのは、白村江の敗戦によって日本が朝鮮半島から手を引き、朝鮮との間に政治的、軍事的な境界線を引くことによってでした。「日本」の成立史とは、「韓」からの離脱史なのです。そして「日本」の起源からの成立を記述する記紀は、この離脱過程を「韓」の痕跡として止めていくことになるのです。「韓」はその痕跡だけをとどめて、「日本」成立の歴史からその姿は消されていくのです。だが消されるとだけいっては正しくない。「韓」からの離脱史は、「韓」へのくりかえされる進出史として書き換えられるのです。

新羅に天降《あまくだ》る神

記紀などの古記録には、それこそ数え切れない「韓」の痕跡があります。実証主義的な学の方法を自覚した近代の歴史学や地誌学、そして言語学などが古代日本と朝鮮との関係をめぐってさまざまに推定し、説を立てるのも(3)、この「韓」の痕跡を大量にとどめる古代文献資料を主たる前提としてでした。

日本神話における「韓」の痕跡を帯びた代表的な神はスサノオ（素戔嗚尊）です。スサノオは日の神であるアマテラスと天上世界で対決し、そして放逐され、葦原《あしはら》の中国《なかつくに》・出雲に降り、英雄神として振る舞い、やがて「根《ね》の堅州国《かたすくに》」の主となります。本居宣長はこの「根の国」を「黄《よ》泉《み》の国」（死者の国）と解しています。スサノオとは、日本の正統的権力の起源神とされるアマテラスと対決し、そして天から放逐された神です。まさしく日本の神々の世界においてもっとも異端性をもった神です。ところで『日本書紀』の一書(4)は、このスサノオは天上の神の国・高《たか》天原《まのはら》を追放されて、まず新羅国に降ったと記しているのです。

「素戔嗚尊《すさのおのみこと》の所行《しわざ》無状《あじきなし》。故《か》れ諸神《もろもろのかみ》科するに千座《ちくら》の置戸《おきど》を以てして、遂に逐《や》らひたまひき。是の時に素戔嗚尊其の子五《い》十《そ》猛神《たけるのかみ》を帥《ひき》ゐて、新羅国に降到《くだ》りまして、曾尸茂梨《そしもり》の処に居《ま》します。(5)」

もう一書には、「素戔嗚尊の曰く、韓郷《からくに》の島は是れ金《こがね》銀《しろがね》あり、若使《たとい》吾が児の御《しら》する国に浮《うき》宝《たから》あらずば、未是佳也《よからじ》とのたまひて云々」とあります。さきの一書によれば、新羅に降ったスサノオは、「此の地は吾れ居らまく欲りせじ」といって埴土《はに》をもって舟を作り、それで東に渡り、出雲の国の簸《ひ》の川上にある鳥上《とりかみ》の峯《たけ》にいたったとあります。これはまことに奇妙な記述です。葦原の中国の出雲に降るはずのスサノオに、なぜ新羅を経由させるのでしょうか。『書紀』そのものには、この迂路をたどるスサノオについての説明はありません。この奇妙な新羅という迂路こそ、この記述を残して消えてしまった何かの痕跡であるでしょう。「韓」の痕跡とはこのようであるのです。意味不明の迂路でしかないこの痕跡は、このテキストの読解者にさまざまな想像を促すのです。上の一書文中の「曾尸茂梨」について、現代の校注者はこれを朝鮮古語として「金のある部落」と解しています。[6] それからすると、この一書の記述と他の一書の「韓郷の島は是れ金銀あり」とが対応していることが明らかになります。しかしこうした注解によって消えてしまった何かが明らかにされてくるわけではありません。ただ「韓」の痕跡であることがいっそう明らかにされるのです。

記紀にはこのスサノオをはじめとして「韓」の痕跡をとどめる神や人や物や土地や言葉がそれこそ数限りなくあります。そうした痕跡をとどめながら記紀は「日本」すなわち天皇の朝廷に統一された国家成立の歴史物語を成していくのです。では記紀のテキストに見出すこれらの痕跡によって何を私たちは読むべきなのでしょうか。なぜここにこのような痕跡があるのかを疑うことなく、編纂を命じた天武天皇の意図にしたがうようにして、ただ「日本」の神々しい起源に発する偉大な物語を読んでいけばよいのでしょうか。

日本の江戸時代にも、この「韓」の痕跡を無視することのできなかった学者たちがいました。

彼らはそれらの痕跡によって記紀が伝えようとするのとは別のもう一つの上古の姿を、起源のありようを考えたのです。その江戸の学者の一人に藤井貞幹（一七三二―九七）[7]がいます。

『衝口発』という著述

藤井貞幹に日本上古社会についての考証学的著述『衝口発《しょうこうはつ》』（一七八一年成稿）があります。この『衝口発』という著作はそれ自体によるよりは、それに反駁した本居宣長（一七三〇―一八〇二）の『鉗狂人《けんきょうじん》』（一七八五年成稿）によって有名なのです。この『鉗狂人』における宣長の駁論を上田秋成（一七三四―一八〇九）が論難し、さらに宣長がそれに反論して、日本思想史上有名な論争が両者間で展開されます。この論争は、宣長によって『呵刈葭《かがいか》』[8]にまとめられています。この宣長―秋成間の論争のきっかけをなした書として『衝口発』は有名なのです。『衝口発』にそれ以上の意味を見出そうとしませんでした。

ところで秋成の論難を呼び起こした宣長の著述『鉗狂人』とは、狂人に首かせ（鉗）をかけるというきわめてファナティクな題をもった論駁書です。「いづこのいかなる人にかあらむ。近きころ衝口発といふ書をあらはして、みだりに大御国のいにしへをいやしめおとして、かけまくもいともかしこき皇統をさへに、はばかりもなくあらぬすぢに論じ奉れるなど、ひとへに狂人の言也。故に今これを弁じて、名づくることかくの如し[9]」と宣長はこの題名の由来を「序」に記しています。では宣長によって「狂人の言」とされた『衝口発』とはどのような著述なのでしょうか。それはすでにいうように日本古代についての比較古代史的な視点から書かれた藤貞幹の考証学的著作です。なぜそれが宣長によって「狂人の言」とされたのでしょうか。

藤貞幹は日本の神代を含む上代史を、中国と朝鮮古代史との比較史的、比較文化史的視点から考証学的に検討します。古代日本の制度や儀礼・祭祀、文字言語や衣服習俗にいたる文化が、基本的に朝鮮半島経由でもたらされた中国文化、「韓」経由の「漢」の文化に依存していると見るのは、宣長らが固有の起源を主張するまで、日本ではむしろ一般的な見方であったと考えられます。藤貞幹もまたこの見方に立って、皇統・言語・姓氏・国号から衣服・喪祭・祭祀など十五項目にわたって日本固有起源説を疑い、「漢」―「韓」の文化によって大きく規定されていることをいおうとするのです。そのいくつかを挙げてみます。

「辰韓は秦の亡人にして、素戔嗚尊は辰韓の主也。」

「神武帝元年辛酉は後漢宣帝神爵二年辛酉にして、……此の如く六百年減ぜざれば三国の年紀符合せず。」

「本邦の言語、音訓共に異邦より移り来たる者也。和訓には種々の説あれども、十に八九は上古の韓音韓語、或は西土の音の転ずるもの也。」
「歌は韓の古俗なること明かなり。」
「日本紀を読むは、先づ此国の事は馬辰の二韓よりひらけ、傍ら弁韓の事も相まじはると心得、それを心に忘れず読まざれば解しがたし。[10]」

宣長の激しい駁論を呼び起こすのはこうした『衝口発』における言説です。しかしこの言説の何が宣長の怒りを呼び起こし、相手を「狂人」と決めつけるような論難をもたらすのでしょうか。相手の言説を狂人の物言いと決めつけることは批判というレベルをこえた非難です。それは究極的な非難の発言といってよいものです。彼の言の狂気に対する己れの言の正気が、まさしく自己言説の絶対的正当性がドラスティックに主張されようとするのです。

いま宣長によって狂気の沙汰とされるのは、『衝口発』における日本の国家的、文化的な起源の固有性を疑い、それを危うくするような言説です。起源の固有性とは、他者の介入なしに、自分自身から始まるということです。ところが『衝口発』は日本の起源神話自体を異種混合文化論的に見直してしまっているのです。日本の神の出自を尋ねれば、日本の外に求められていくという具合に。この藤貞幹の日本古代認識を根本において規定しているのは、中国とその文化の既存性であり、それを日本に伝えた朝鮮の先進性です。日本が七世紀の後期から、遣隋使や遣唐使によって直接に「漢」を採り入れ、律令体制として天皇的国家の制度を整備し、貴族官僚の教養と教育とを漢風で体系づけていくまで、上代日本の言語から習俗にいたるまでの文化的基層を形成したものは朝鮮半島経由の「漢」あるいは「韓」であったと藤貞幹はしているのです。「秦人の言語、韓に一変し、又此邦に一変し、今此を求むるに和訓に混じて分別しがたし」という『衝口発』の言葉がよくそれを示しています。宣長が「狂人の言」として怒るのは藤貞幹のこうした発言です。

「韓」の消去と「日本」の成立

宣長が『衝口発』を狂人の書だとしたのは、日本文化の起源の固有性がそこでは失われているからです。宣長がいま相手を狂人としながら、正常な日本の言説として立てようとするのは、「固有の起源をもった日本」という言説です。「初めに日本ありき」という言説こそが正しい言説、正気の人の言説なのです。この「日本ありき」の言説を確立するために宣長は、相手を狂人とするような論争を展開するのです。「日本とその文化的起源の固有性」とは、このような正気と狂気という言説的抗争を通じて、正気の言説、すなわち正常な日本人の言説として成立してくるのです。

宣長は『古事記』の注釈作業を通じて、日本人における認識上の転換を遂行しました。その転換とは、記紀の神代史をあくまで「日本の神」の伝承としたところにあります。宣長の『古事記』注釈が問題にするのは「日本固有の神々」の伝承であります。端的に「日本の神」が問題なのです。「神の道」とは、一般的な神道教説ではない、「日本の神の教え」でなければならないのです。『古事記伝』とはこの転換から遂行された注釈だといえるのです。だが記紀における神々の伝承を読めば、そこにいくらでも「韓」の痕跡を見出すことができます。最大の「韓」の痕跡をとどめる神とはスサノオだとはすでにいいました。天上世界でアマテラスと対立し、追放され、葦原の中国《なかつくに》の統治者オオクニの祖神となるスサノオとは、「韓」の痕跡を強く帯びた神です。藤貞幹はそこから「素戔嗚尊は辰韓の主なり」といい、さらに「神代紀に、素戔嗚尊は、辰韓より渡り玉ふ故に、新羅を父母の根の国と云ふ。それを素戔嗚尊、此国の御人なるを、此邦より逐ひやらひて、新羅の蘇志摩利《そしまり》の地に在りと云へり」というのです。「辰韓」とは朝鮮古代の三韓の一つで、後に新羅はこの辰韓の斯盧国を中心に成ったとされています。藤貞幹は記紀におけるこうした「韓」の掩蔽を指摘しながら、「此等の事は、書を読む人の眼高からざれば、共に談じがたく、癡人の前に夢をとくが如し」というのです。

宣長はこの藤貞幹の「眼高からざれば、共に談じがたし」の言葉を受けて、『鉗狂人』でこう反駁します。

「ひたすら強て皇国《みくに》をいやしめおとすを眼高しと心得たるは、返りて眼も心も卑《ひく》くして、漢籍におぼれ惑へるゆえ也。今一層眼を高くして見よ。その非をさとるべし。わが古学の眼を以て見れば、外国はすべて天竺も漢国も三韓も其余《ほか》の国々も、みな少名毘古那神《すくなひこなのかみ》の何事をも始め給へる物とこそ思はるれ。されば漢国にてことごとしくいふなる伏羲・神農・黄帝・堯舜おも、その本はみな此神よりぞ出でつらむ。」

もし一層眼を高くして読むならば、「韓」の痕跡なるものが「倭」の痕跡であることがわかるはずだと宣長はいっているのです。古伝承における「韓」の痕跡とみなされるものは、むしろ「日本の神」の勢威が異土に及んだことの跡として見るべきなのだというのです。記紀の神代史に神話的起源をもった「日本」の成立を読むということは、「韓」の痕跡から「韓」を消し、「倭」の痕跡として読んでいくことなのです。かくて「倭」の伝承における「韓」の痕跡によって、「倭」における「韓」を読もうとすることは狂気であり、その痕跡によってただ「日本」の成立とその勢威を読むものこそが正気の人であるとされるのです。

神話的起源からの「日本」の成立を記述する八世紀初頭の『古事記』によって、近世十八世紀の国学者宣長は固有の国家的、文化的、言語的起源をもつ「日本」を読み出していきます。

まさしく彼は日本的アイデンティティを読み出していくのです。『古事記』によるこの「日本」の読み出しこそ、近代日本の成立の歴史的ア・プリオリをなす作業だといえるでしょう。日本人にとって「日本」という理念がそこに成立するのです。だがこの「日本」の読み出しとは、記紀における「韓」の痕跡から「韓」そのものを消していくことでした。それは「倭」の痕跡として読まれねばならないのです。この「韓」の消去もまた、近代日本の成立の歴史的ア・プリオリをなしているのです。近代の日本人は意識の上から「韓」を消去することで「日本」人となったといえるのです。

「韓」を包括する帝国

日本の古代文献資料における多量の「韓」の痕跡を無視することのできなかった多くの学者たちがいたことをすでに私はいいました。言語学者金沢庄三郎（一八七二―一九六七）もその一人でした。彼が朝鮮語に関心をもったのは、まだ学生時代であったといいます。やがて文科大学長外山正一の勧めもあって朝鮮語研究を本格化させ、韓国に留学したのは二十七歳のとき、明治三十一年（一八九八年）でした。この金沢庄三郎の名を私が知っているのは朝鮮語研究者としてではありません。広く使われた国語辞典『広辞林』の編者としてです。随分長い間、私は兄譲りの『広辞林』のお世話になっていました。この金沢庄三郎が『日鮮同祖論』の著者でもあることを知ったのはずっと後になってからです。彼においても朝鮮語研究が『日鮮同祖論』として結実するまでに長い時間を必要としたようです。『日鮮同祖論』が刊行されたのは昭和四（一九二九）年です。韓国留学時の金沢の課題「日韓両国語の比較研究」[11]は、それから三十年を経た昭和の時代に『日鮮同祖論』のタイトルをもった著書に包括されていったのです。それは日本の古文献における「韓」言語の痕跡という事実への注目から始まる日韓両言語をめぐる諸研究が、「日鮮同祖論」という語りをもって包括され、『日鮮同祖論』として昭和の世に公刊されたということです。それは日韓両言語の親近性を次のように語ることでした。

「まことに神代に於ては、韓郷《からくに》之島と我大八洲国《おおやしまのくに》とはかくも密接の間柄であつたので、更に一歩を進めていふと、大八洲といふ中に韓郷之島も含まれてゐたといふ歴史家の説も、決して否定の出来ぬのである。」

日韓両言語の親近性は、ここでは「倭」と「韓」とを包摂するより大なる一者を予想するのです。それは「大八洲国」です。昭和四年、すでに日本は朝鮮を包括し、満洲に明白な野心をもつ帝国でした。だがこの日本帝国形成への意志は明治の近代国家の成立とともに日本には存在したのです。上の文中で「歴史家の説」といわれているのは、吉田東伍（一八六四年―一九一八）[12]の『日韓古史断』（明治二十六年刊）におけるものです。吉田は「大八洲」について、「八洲《やしま》は島々の多きを云ふのみ。弥《や》の義、八数に限るべからず。『記』『紀』二典に載する所、牽合附会、異説頗る多し、而してみな韓郷之島を脱略せり。是れ蓋し二史の成文は三韓離叛の後にして、対馬を以て国の内外を限れるより脱略せるが如し」といい、その文末に次のような割り注を付しているのです。「要するに天智の朝以前の大八洲国は韓地をも包含せりと云ふなり」。青年言語学者金沢が朝鮮語研究を志した明治二十六年、後に日本の歴史地理学会を創設する吉田東伍はすでに記紀における「韓」の痕跡によって、韓地《からのくに》を包摂する原日本帝国というべき「大八洲国」を歴史の彼方に推定しているのです。

日露戦争後百年の今

二〇〇五年は、日露戦争終結後百年に当たりました。一九〇五（明治三十八）年という年が日本人にとって日本海海戦の勝利とともに終わった日露戦争によって記憶されていても、同じくその年が竹島を日本が領有した年であるとして記憶されてはいません。日本人の記憶の問題として、ここでの記述は「日本海」も「竹島」も日本側からのいい方にしたがっています。一九〇五年とは日本人にとっては日本海海戦に勝利した年であるだけで、その海戦に先立って日本が竹島を領有化したことなど全く忘れられています。忘れるというよりも、そもそもそれは日本人が記憶すべき事項などではまったくないのです。日本の歴史年表にもそれは記載されていません。[13]私も一九〇五年一月二十八日に日本の閣議が竹島の領土編入を決定したという事実とその意味とを、崔文衡氏の『日露戦争の世界史』[14]によって知ったのです。日本外務省のサイトを見れば、一九〇五年という年は歴史的文脈から離れて、ただ竹島が領有化された年として抽象的に記されているだけです。竹島の日本領有が日露戦争の最中になされたことであり、そして日露戦争の帰結が一九一〇年の日韓併合であることとは、日本人の知識と記憶の外にあることなのです。その事実に政府や外務省の役人たちばかりではない、歴史家も、そして一般人も意識的、無意識的に目をふさいできたのです。そして現に目をふさいでいるのです。

近代日本の成立とは、日本の歴史からトータルに「韓」の痕跡を消すことであったことはすでにのべました。歴史からの「韓」の消去とは、日本人の視線からの「韓」の喪失でもあります。日本人の目から「韓」は見えなくなったのです。私はこのことをただ批評家的に語っているのではありません。私は自分の体験として語っているのです。「韓」は私にとって死角だという体験を、今までに何度したかわかりません。私がここに「韓」の痕跡をめぐって語ってきたことも、友人である韓国研究者たちの指摘に多く負っているのです。

一九四五年の日本帝国の挫折は、日本人の歴史認識を根底的に問い直す時でなければならなかったはずです。たしかに歴史的反省が日本にまったくなかったというわけではありません。ただアジアの諸隣国との関係における歴史的反省が日本に基本的に欠落していたのです。日米関係において歴史を正すことはなされても、日韓、日中の関係において歴史を正すことを日本は基本的にネグレクトしてきたといえます。そして経済大国日本の成立は、「韓」を消去させた帝国日本の眼差しを日本人に再生させてきたのです。近来の韓流とは、日本人のこの死角に、突如現れた「韓」への驚きが生み出したものです。韓流は、私には日本人における「韓」の消去と裏表をなしているように思われるのです。

だがすでに事柄は、戦後六十年の現在、日韓関係を含めて東アジアをどう考えるかという最後の問題に入っております。私はこの最後の問題に正面しなければなりません。

注

（1）この考察は既存の関係を超える視点なり、立場を要請する。それはこの関係の局外的第三者の立場ではない。それはこの関係の内部にあって、国家としての日本の歴史認識の欠落やその間違いを追及するものに要請される立場である。それが何かは、本講義とことに第四回の講義において明らかにされる。

（2）網野善彦『日本社会の歴史』上、岩波書店、一九九七年。

（3）早く吉田東吾は『日韓古史断』（冨山房、明治二十六（一八九三）年）を著している。最初の東洋史学者白鳥庫吉の「三韓征服」という未発表原稿が書かれたのは明治三十（一八九七）年頃とされている。その頃から白鳥は日本の古語と朝鮮古語との比較研究を始めている。金沢庄三郎の『日鮮同祖論』の刊行は遅く昭和四（一九二九）年であるが、彼が朝鮮語の研究を志したのは明治二十六年のことだといっている。

（4）『日本書紀』は本文と、その異本とされるテキストを「一書に曰く」として挙げている。

（5）黒板勝美編『日本書紀』（岩波文庫旧版）の訓読による。

（6）坂本太郎外校注『日本書紀』（岩波文庫新版）一、巻第一の語注による。

（7）藤貞幹と号す。貞幹は国学者とされているが、後藤芝山、柴野栗山に学んだ貞幹は、国学者というよりは、むしろ漢学的教養をもった日本古代文化の考証家とみなすべきだろう。著書に『衝口発』のほかに『好古日録』『好古小録』がある。

（8）『呵刈葭』は上下二篇からなり、上篇は上代国語の音韻をめぐる宣長・秋成の論争であり、下篇はいわゆる「日の神」論争といわれるものである。天明七（一七八七）年、宣長の手によってまとめられた。この論争は、日本の古代について国学者の間にさまざまな見方があったことを教えている。

（9）『鉗狂人』『本居宣長全集』第八巻、筑摩書房、一九七二年。

（10）『衝口発』筆者所蔵の一七八一年刊の版本による。

（11）留学の成果としての学位論文「日韓両国語同系論」によって金沢が学位をえたのは明治三十五（一九〇二）年である。

（12）吉田東吾、独学によって歴史学を修め、『日韓古史断』『徳川政教考』を著し、学者としての地位を築く。後に早大教授、また歴史地理学会を創設し、『大日本地名辞書』の刊行事業を完成させた。

(13) もっとも詳細に記載されている近代史年表『近代日本総合年表』(岩波書店、一九六八年)にもその記載はない。

(14)『日露戦争の世界史』(朴菖熙訳、藤原書店、二〇〇四年)は、『国際関係史から見た日露戦争と日本の韓国併合』の日本語版である。

〈コメント〉

植民地支配と日韓関係

尹《ユン》海《ヘ》東《ドン》（成均館大学東アジア学術院研究教授／訳＝任《イム》明《ミョン》信《シン》）

「倭《ウェ》」というもの

いまでも非公式の場で「日本」の代わりに「倭《ウェ》」という用語を使う人がいる。韓国人に「日本」という言葉が定着したのはそう昔のことではない。実際一九八〇年代でも、わが祖父母や親の世代はだいたい日本のことを「ウェノム」（倭のやつ）と呼び慣れていた。彼らに「倭」がどのような意味を持つのか明らかではないが、中国人のことを通称「テノム」（正確な語源は知られていないが大国＝清国の人に因んだ「大のやつ」という説がある）と呼ぶ習慣に比べれば、さほど悪いとばかり言えなさそうでもある。とはいえ、「ウェノム」であれ「テノム」であれ蔑視の感情が込められているのは否定できない。いずれも「ノム（やつ）」という卑称は必ずついていたからである。

「ウェ」という用語が植民地時代がとうに終わった後の時期まで、韓国人の言語行為の中から消えなかったのは何故だったのか。ここにはどのような意味合いが込められているのか。「ウェ」という言葉がいつから使われ始め、どんな意味を持っており、そしていつから、またなぜ消えつつあるのかなどを厳密に探ってみるのがこのコメントの目的ではない。ただ、「ウェ」という用語にどのような歴史的なコンテクストが秘められており、また薄れていった理由は何だったかをここで考えてみたい。韓国における日本認識、ひいてはそれと日本における朝鮮の跡を消していったこととの関係を理解するのに、この考察が役立つことを願ってである。

幼年時代を振り返ってみれば、「ウェ」と「日本」、「ウェノム」と「日本人」は共存していたようだ。前者すなわち「ウェ」と「ウェノム」は日常の中で、「日本」と「日本人」は学校生活の中で併存し何の疑問なく用いられていたのである。しかし私には未だ忘れられない、「ウェ」にまつわる強烈な記憶が一つある。それは「ウェ醤油」という用語である。国民学校（初等学校に呼び方が変わったのは九〇年代のこと）二年生の時、山の奥地から慶尚北道地域の大都市のはずれに引っ越してきた私に、「ウェ醤油」とは聞き慣れないが、しかし強烈な印象を与えた言葉だった。「ウェ醤油」、つまり家でつくった醤油のほかに工場で生産して販売する醤油があるとはあの頃の私に物珍しかったし、その甘い味と料理に使う用途の違いなどにやはり一種の異国情緒のような感情を引き起こしたものである。商業用販売醤油を「ウェ醤油」と呼ぶ理由は想像に難くないが、そこには一種の賛嘆と畏敬の念のようなものが込められていたようでもあり、そのような模糊としたアンビバレントな感情が私にその異国情緒を引き起こしたのではなかったろうか、と考えてみる。このような感情を引き起こす言葉の一つにまた「ピル」がある。私の父はマッコリ（濁り酒）が好きだったが、大事なお客さんが来るとビールや清酒を出したりした。しかしその呼び方はいつも「ピル」と「ジョンジョン（正宗）」だった。ビールは「ピル」に、清酒は「ジョンジョン」に代えられていたのである。それにも拘わらず私にはピルが正確にビールに対応する酒なのか見極めることは難しい。父にとってピルとは、安っぽくどこにもあるマッコリに代わる貴重な高級酒だったからだ。ウェ醤油やピルという言葉にはもっぱらこのように植民地時期に輸入された近代的商品への賛嘆と敬意の感情が潜んでいたのである。ピルがそうであったように、ウェ醤油でのウェには確かに「ウェノム」の「ウェ」のような蔑視の感情は除去されていたように見える。

「ウェノム」で代表される「ウェ」と「ウェ醤油」での「ウェ」の間に何らかの違いを設定することができるとすればそれは何だろうか。韓国人の近代的歴史認識、また十七世紀以後の歴史認識の中でウェ（倭）は壬辰倭乱（文禄、慶長の役）という歴史的事実と深く関わっている。韓国における「ウェ」という言葉の根底には、立ち後れた夷から侮辱を受けたという羞恥心と警戒心と、卑しめや否認の感情とが錯綜しながら潜んでいるのである。丁茶山《チョンタサン》（丁若鏞《チョンアキョン》、一七六二―一八三六、朝鮮後期の学者。実学を集大成した）は言っている。「（日本が）およそ国力の虚実と武備の疎密を探り、勝敗の形勢を見て事を図ったなら、すでに百度は来たはずであり、我々はすでに百度も破れて、種も残らなかっただろう。どうして現在まで無事平穏にいられたりするものか。」丁若鏞の言葉は十九世紀前半の韓国人の日本に対する認識を見事に表している。これは古代以来中国の先進文明を早くから受容し日本に伝えたという自負と交錯し、それとは裏腹な感情でもある。ウェという言葉に潜んでいるこういった感情は、植民地支配以後さらに深まったはずだ。

　となると、「ウェ醤油」のウェにはどのような認識が含まれているのだろうか。そこには「ピル」と同じく近代文明への賛嘆の感情とともに、日本に対する卑しめまたは否認の感情とが錯綜しているはずである。韓国より早く西欧近代を受け入れ、韓国を植民地支配した日本に圧倒され、進んだ日本文明をやむを得ず認めるしかない気持ちがその根底に横たわっているのである。「ウェノム」という卑称と並んで韓国人みずからに対しても「ヨップジョン」（真鍮でつくった昔の貨幣。便利な紙幣が現れているにも拘わらず好まれ続けた）という卑称を使っていた事実がこれを証明しているのではないか。いずれにせよ、「ウェノム」の「ウェ醤油」の「ウェ」には日本に対するこういった錯綜した感情が複合的に介在していたといえよう。羞恥心と警戒心、また自負などが混在する韓国人の日本認識は、このように複雑で矛盾している。

植民地支配の残滓——日本式用語の三つの次元

子供の頃から使い慣れている日常用語の中には日本語が多かった。簡単に記憶を探ってみるだけでも、数えきれないほどだ。タマ（電球、ビー玉のこと）、タクアン（大根の漬物）、ジャンケンポシ（じゃんけんぽんのこと）、スリ（すり）、ベント（お弁当のこと）、ヨシ（楊子のこと）、イッパイ（一杯になること）、ナワバリ（範囲のこと）、オカシ（お菓子）等々。解放以後四十年の間、数多い日本語が大衆の日常の中に残っていたのである。日常の中に浸透した植民地支配の残存形態といえよう。一九八〇年代、生活周辺の日本語を追放せよといった運動が起こって以来、日常における日本語または日本式の漢語はかなりなくなったようだ。日本支配の経験をもつ人々がこの世を去り、またこのような用語に対して自意識がさらに働きながら、いつか完全に消えていくであろう。

一方、日常だけではない。専門分野に浸透した専門用語はいまだにそのまま使われている場合が多い。印刷出版分野や建設土木分野が挙げられる。出版関連用語で私が知っているだけでもハリクミ、ハシラ、トビラ、シオリなどがある。ＩＴ技術の影響で出版関連用語は急速に欧米式に変わりつつあるが他の分野においてはほとんどそのまま使われている。専門分野に浸透した日本語を植民地支配の残存形態の二番目の次元といえよう。言語＝民族という言語民族主義の次元からこのような多くの日本語を大衆の日常から追放するのは、時間はかかるだろうが解決に難しい問題ではないと思われる。韓国にはなかった専門性を日本から輸入することによって生まれた問題だからである。

三番目の次元の残存形態の性格はさらに複合的である。大韓民国憲法第一条第二項は次のようになっている。「大韓民国の主権は国民にあり、すべての権力は国民から生まれる。」民国（Republic）、主権（Sovereignty）、国民（People）、権力（Power）などは西欧の概念を日本または中国で翻訳されたのを輸入したものである。ほとんどの学術用語や専門用語は西欧の近代的概念を翻訳したものであり、日清戦争で日本がアジアでのヘゲモニーを掌握して以来、中国も西欧用語に対する独自の翻訳をやめ日本の翻訳用語を輸入して使い始めた事実はよく知られている。だとすると、これらの概念語は日本支配の残存形態であるのかどうか。追放すべきものか否か。追放しようとして、できるものなのだろうか。とにかく、いったん制度化したこれら概念語は、日本支配残存形態の三番目の次元と看ることができよう。この問題は言語民族主義の次元で追放したり、除去したりすることで簡単に解決できるものではない。

日本の「痕跡消し」が残したものは何か？

本居宣長のような国学者が歴史から「韓」を除去することによって日本が成立、さらに韓を包括しながら日本帝国へ向かったとは大事な指摘である。しかしこの過程は単なる日本だけの問題ではないだろう。自分の形勢に寄与した、そして自分の中に入っている他者を除去し、純粋な集団を創造していく過程は、近代民族国家の形成過程に共通するものである。近代歴史学や近代言語学が近代民族の形成に貢献した功績はまさにこの点に認められるであろう。日本の近代民族国家形成過程において韓国が内部に入っていた他者の役割を担わざるを得なかったのは、ある意味で必然的なことだったと思われる。韓国を含んで帝国を建設しなければ近代化を達成できないという強迫観念に近代日本はうなされていたからである。その点において近代日本は韓国を無視したというより除去しようとしたわけである。日本において韓国が果たしていた役割を韓国で果たしていたのは中国である。近代歴史学をはじめ韓国の近代学問一般は自分の身体の中から中国を除去すること、さらに韓国を中国と同一線上の文明に位置づけるのを最高の課題にしていた。この点で韓国の近代は一方では中国を他者にしてそれを除去することから出発したといえよう。

しかし内部の他者を除去することは日本と韓国の近代にどのような結果をもたらしたのであろうか。それは自分をかえって疎外させたのではなかっただろうか。近代とはいつも自己疎外の過程であった。近代とは常に他者を排除すべき対象であるか、それとも同化させるべき対象か、いずれかに設定する。排除または同化させるべき対象としての他者は常に作り続けられなければならない。ところがこの絶え間ない排除と同化の過程は、必然的に自己疎外に帰結するものではなかろうか。

この点において韓流を「日本人の（韓国認識の）死角に突如現れた『韓』への驚きが生み出したもの」という指摘は斬新だった。そういう意味で私は韓流を日本の中でも他者を確認する過程と見られないか、と思ってみる。しかし自分の中の他者を確認する過程は自覚的でなければならない。世界化（＝国際化、globalization）の流れの中で地域の文化交流が加速化していることは最近東アジアの韓流現象によく現れている。だとすれば、韓流とは近代民族主義とは相反する流れに属する文化現象であるはずだ。韓流を韓国民族主義に回収する発想や商業的利益のチャンスとのみ見做すのは時代錯誤である。

植民支配と脱植民支配

植民支配とは何か？　日本の植民支配は特殊な形態をとっていたであろうが、植民地を経験したのは韓国だけではない。そして帝国主義も日本だけの専有物ではなかった。いまは日本の植民支配を近代の普遍的現象の中に位置づけるのが必要な時期でもある。それは日韓関係の現状を乗り越えるためにも必要だと思われる。植民支配を関係論的な立場からみれば、人間と文化交流の特殊の形態とみられないものか。支配とはいつも対象を必要とする。となると、支配関係とは相互作用を含むものであるわけだ。支配形態を取ることによって、その相互関係を切り放してきたようにも見える。

近代「帝国主義」の植民支配とは前近代「帝国」の支配と違って「国民主義的」支配形態を取ることによって、その相互関係を切り放してきたようにも見える。解放後韓国の言語生活の中で残存する植民支配の残滓については簡単ながら最初に見てきた通りだ。植民支配が残した制度と意識における影響とはそのように甚大なものなのである。自覚できないほど制度化しており、日常に深く浸透してもいるわけである。一方、日本式生活方式や儀礼が韓国社会に残した影響は相対的に弱いもののように見える。しかし表面的にはそうであれ、内面的には韓国近代の枠を日本の近代が植民支配によって造形したし、韓国は模倣と反復を通して日本の近代を受容したことは否定できない。

現在進行中の「親日民族反逆者」の清算を含む日本植民の残滓清算に関する論議は、そういう意味でアンビバレントである。言語生活においては日本語を追放し、植民支配の協力者を断罪するといった表面的な日本残滓清算論議は、韓国の中の他者を排除することで韓国民族主義を完成させようとするものであるはずだ。しかし日本の近代が韓国の近代形成にどのように影響を及ぼし、どのような形で残存しているかという点への関心は稀薄である。今後「清算」が行われるとしても、韓国の近代が日本近代を模倣することによって形成された事実は変わらない。そして近代とは常に模倣を通じて拡散してきたのも事実である。

一方、近代帝国主義は「逆・文化同化」といった現象とは関わりのないものであろうか。その点についても関心を持つべきである。韓国支配を通じて日本はまったく変わらなかったのだろうか。韓国文化は日本にいかなる影響も及ぼしていないのだろうか。植民地韓国で実施した政策が日本本土に還流する現象を見つけるのは難しくない。代表的なものが皇国臣民化過程において行われた「国民学校」教育制度と「皇国臣民誓詞」などを挙げることができる。

日韓関係の将来は、韓国また日本での脱植民作業と結びついている。その脱植民の作業は帝国主義と植民地主義を新しく認識することから出発すべきであろう。

4　歴史の共有体としての東アジア

――東アジア共同体をめぐって――

子安宣邦

「靖国問題」とは

東アジア世界における私たちの連帯や共生への道を考えようとするとき、そこにトゲのように刺さっている日本の「靖国問題」を避けて通ることはできません。この問題が、他の「歴史教科書問題」や「領土問題」とともに東アジアにおける日本の過去についての歴史認識にかかわる問題であることに間違いはありません。だが「靖国」が東アジアの国際間の問題であり続けるのは、日本がこれを歴史問題としていないからです。すなわち日本首相による靖国参拝をあくまで一国内的問題、あるいは一国的主権の問題として、アジアの歴史認識にかかわる問題としていないからです。このことは「領土問題」について、いっそうはっきりいえることです。日本のナショナリズムが首相の靖国参拝を支え、この日本首相によってくり返される反歴史的行為が韓国や中国からの強い反撥を招き、さらに相互のナショナリズムを刺激し合い、東アジアにとって不幸な緊張を生み出すことになっているのです。

したがっていま生起している「靖国問題」を私は、東アジアの諸国・諸地域の住民にことに大きな被害をもたらすものとしてあった日本帝国の戦争という歴史的事実と、現在の日本の一国主義としてのナショナリズムとの交錯が生み出している問題としてとらえようと思います。

ここで私は「一国主義としてのナショナリズム」といういい方をしました。ナショナリズムとはそもそも一国主義であることからすれば、これは奇妙な同語反復的ないい方です。それをあえて同語反復的に一国主義という形容句を私がなぜ付け加えるかといえば、日本だけではない、アジア全体の国々と住民にとって重大な歴史的体験であった戦争を日本一国化するナショナリズムが、国際間に作り出してくるのが「靖国問題」であることをはっきりさせるためです。

戦後日本の首相による靖国参拝は吉田茂によって復活されてから、中曽根康弘にいたるまでくり返されてきました。参拝しなかった首相の方がむしろ例外なのです[1]。しかし小泉首相による靖国参拝ははっきりとした政治的意思に基づいています。彼は一回だけで挫折した中曽根首相による靖国のいわゆる「公式参拝[2]」を復活させることを宣言していました[3]。彼にとって靖国参拝とは郵政民営化と同様な「改革」という政治公約であったのです。彼における「改革」が旧来の自民党的体質をぶちこわすことであったように、彼における靖国参拝とは旧来のあいまいさをぶちこわすものとしてあったのです。戦後日本の国家運営は基本的に対外的／対内的といったダブル・スタンダードの使いわけとしてなされてきたといえます。従来の日本首相の靖国参拝もこのダブル・スタンダードの使い分けのなかにありました。小泉首相はこれを止めようとしたのです。彼の靖国参拝にあるのは一国首相の論理だけです。そこには対外的配慮は存在しません。

中国や韓国による日本首相の靖国参拝に対する抗議は、日本帝国が遂行した戦争によって蹂躙されたものからする抗議です。それは二十世紀アジアにおける帝国日本とは何であったのかという歴史認識に深くかかわることです。中国や韓国にとって「靖国問題」とは何より歴史問題です。だがその抗議にもかかわらず参拝をくり返す小泉首相は、歴史に対する反省と、一国の戦争犠牲者に一国の首相が礼拝するかしないかは別個の問題だとしているのです。日本の英霊を祀る靖国神社に日本首相が参拝することは、主権国家日本を代表するものの正当な行為だとしているのです。小泉において一国首相の論理、まさしく一国的なナショナリズムの論理が歴史認識に優越しているのです。

アジアの隣国への配慮を抑えて優越する日本の一国的なナショナリズムが、二〇〇六年のアジアに「靖国問題」を生起させているのです。これが戦後六十年といわれる東アジアの現在なのです。私たちは東アジアをめぐる問題をここから、まさに緊張をはらんだ現在から考えていかなければなりません。ここから考えない東アジア共同体とは絵空事に過ぎません。

歴史の一国化

首相による靖国参拝行為を、首相とともに日本で支持しているのは、私があえて同語反復的にいう一国的なナショナリズムです。一国の戦争犠牲者を一国の首相が参拝することはまったく正当だという主張を支えているのが、私のいう一国的なナショナリズムです。この「靖国問題」に見る一国主義の立場とは、アジアにおける戦争の記憶の一国民化であり、その戦争の歴史の一国化だということができます。靖国神社とは戦争とその犠牲者を戦争遂行国であった日本の一国的立場から規定し、一国的に選別された軍事的犠牲者（戦死者）だけを護国の英霊として祀る施設なのです。[4] その靖国神社に一国首相が参拝することを正当だとすることは、アジアの戦争の歴史と記憶との一国化を正当とすることです。「靖国問題」が本質的に歴史問題だというのはこの点にあります。すなわち日本首相の靖国参拝がアジアの戦争の歴史と記憶とを不当に一国化するからです。それは歴史の本質的な歪曲です。

すでに第一回の「日本ナショナリズムの解読」（本書第1章）でのべましたように、一国における民族《ネイション》概念は歴史や記憶の人びとにおける共有化を通じていっそう強固に形成されます。日露戦争は、その勝利の体験として日本人に共有され、日本帝国の栄光ある民族を作り出してきました。だから靖国の戦争博物館（遊就館《ゆうしゅうかん》）は、この勝利の体験を今になお伝えようとしているのです。だがその日露戦争が韓国の併合をもたらした戦争であると記憶する日本人はいません。すでに昨日（本書第3章）触れましたように、日露戦争は日本の歴史家においてもそのように認識されてはいません。歴史と記憶の一国化とはそういうことです。「靖国問題」とは二十一世紀の日本の現在における、二十世紀の戦争の歴史と記憶の一国化の問題なのです。

戦争とは本質的に国家間の戦争であり、他の国家民族と軍事的にかかわることです。そして総力戦の性格をもち、最終的に原爆の使用にいたった第二次世界大戦は戦争被害の規模を、戦争法を無化する形で拡大させました。アジアの無数の無辜の民の犠牲がともなわれたのが、太平洋戦争であったのです。したがって日本首相の靖国参拝における戦争とその記憶の一国化の主張とは、歴史の暴力的な、反倫理的な書き換えというべきものです。小泉首相が参拝する靖国に祀られている祭神とは、日本の戦争を指導し、遂行した戦犯を含む軍人たちと、その戦争に余儀なく従事し、命を落とした兵士たちです。その中には私の兄もいます。だがその兵士たちは生きては国家の命によって従軍し、死んでは国家の指示で靖国に祀られたのです。そしてその靖国からは、一般市民の犠牲者は排除されているし、無数のアジアの犠牲者たちももちろんそこから排除されています。したがって日本首相の靖国参拝を正当とする日本のナショナリズムは、戦争の記憶を一国化することで、アジアの人びとの心を深く傷つけ、日本との大きな亀裂をアジアに刻していくことになるのです。亀裂は日本とアジアの隣国との間に生じるだけではありません。日本国内に住む人びとの間にも生じるのです。

東アジア・歴史の共有体として

戦争の歴史や記憶を日本一国化することとは何であり、いかなる結果をもたらすことなのか、あらためて考えてみる必要があります。「靖国」という一国化とは、日本の英霊たちの背後にアジアにおける無数の無辜の民たちの死があることを日本人が見ないことだし、日本人に見えなくさせることです。だから小泉首相はアジアの隣国の抗議に耳を傾けることなく靖国に参拝するのです。戦争とは、すでにいうように一国的行為ではありません。多国間の広い地域にわたる加害と被害、支配と従属、殺すものと殺されるものの関係をもちながら遂行されていく暴力的事態です。この関係は戦争の局面によって一変することがあり、戦争当事国の内部にもこの関係は生じます。しかしいわゆる「十五年戦争[5]」というアジアの戦争によって見れば、基本的に前者の側に日本帝国があったことに間違いはありません。アジアの戦争とはそのようなものであったとすると、その戦争の歴史を日本が一国化するとは、歴史を前者の側に単一化することを意味します。この歴史の単一化とは、日本帝国の歴史との同一化でしかありません。したがって靖国参拝を支える日本ナショナリズムとは、帝国日本のナショナリズムの再生でしかないことになります。このことはわざわざ回りくどく辿らなくても明白であるかもしれません。

しかし二十一世紀のいま一国主義的なナショナリズムを主張することが、いかに反歴史的であるかを明らかにするためにこの迂路を辿ることは必要です。靖国参拝を一国的立場から正当だとすることは、アジアの戦争の記憶を日本一国化することです。その一国化とは帝国日本の歴史と同一化することでしかありません。それは反歴史的なことです。アジアの戦争は、その歴史も記憶も一国化されてはならない、あるいは一国化できないものとしてあるのです。それはアジアの人びとによって共有されるべきものとしてあるのです。

「東亜」とは決して地図上にその実体が存在する地域ではありません。それは中華文明圏をマージナルな視点から、たとえば日本からとらえ直すことで成立する地域概念です。そしてその東亜は、「東亜新秩序」とか「東亜協同体」、さらには「大東亜共栄圏」という日本帝国の構成する政治的地域概念として歴史の上に刻印されていきました。(6)「東アジア」はそれゆえ、この日本帝国と不可分な「東亜」の死の上に生まれ直されなければなりません。そして東アジアに深い傷跡を残した十五年戦争の歴史は、その記憶の共有こそが東アジア人民の共生する未来を開く道であることを教えております。私たちがいま「東アジア共同体」をいいうるとすれば、この歴史の共有体としてです。

アジア市民

私は四年前に大学という常勤的な職場からまったく離れ、一人の年金生活者となりました。それまで私は一人の市民である前に大学教授でありました。しかも国立大学が私の主たる勤務先でありました。その大学という職場から離れて私は、はじめて自分が一人の市民であるという意識をもつようになりました。そのときから私は一人の市民として物を考えようと努めるようになりました。しかしそのことは言葉でいうほど簡単なことではありません。たとえばアジア問題を市民として考えるとはどういうことなのか、それは果たしてできることなのか。それは簡単に答えられることではありません。

ちょうどその頃、アジア問題をめぐるある出版物の座談会(7)で在日の中国人ジャーナリスト莫《モー》邦富《バンフ》が興味ある発言をしていることに気づきました。彼は他の日本人の座談会出席者たちに、「いまあなた方がしているアジア学の動機は何なのか」と質問していたのです。彼は日本でアジア問題について研究し、また発言する人びとの動機を問うたのです。この質問は他の座談会出席者のまったく予想しないものでした。莫はその問いを投げかけながら、「日本でアジア学を立ち上げられなくても、困るのは学者だけかもしれない。大学でアジア学を教えている先生たちが、予算が組めない、学生が応募してこないという可能性が十分ありますからね」とみずから皮肉まじりに答えていました。この発言は、アジア学などと称して、アジア問題を研究し、発言している日本の学者・研究者たちの急所を衝いています。日本の大学や研究所のしかるべき組織に所属している彼らは、ほとんど無自覚にアジア問題について発言しているのです。

ただ私はこの座談会記録を読んで、莫の質問は自分にも向けられていると思いました。大学という常勤的職場を退いて一年金生活者になったとき、たとえばアジア問題は私にはとても考えにくいものになりました。そのことは逆に、私が現役の大学教授であったとき、アジアはそれほど考えにくい問題ではなかったということを意味します。事実、東アジア問題をめぐる最初の私の国外での発言は二〇〇二年に成均館大学校でなされたものです(8)。もちろんアジア問題自体、発言しようとするものにとって易しいものではありません。しかしその当時、問題の難しさは、発言する私の立場から来るものではありませんでした。私はその当時、国立大学の教授であることを自分の思考の無自覚的な前提にして物を考えていたように思います。アジア学を担当しているかどうかにかかわりなく、私は日本の大学組織にあるものとして、アジア問題を当然考えるべきこととして考えていたのではないでしょうか。さらにいえば私は無自覚に日本という国家とそれとの連なりを前提にして、アジアを私の言説上にのぼせていたといえます。アジア問題を考えるとき、人びとは無自覚に日本から、そして日本人としてアジアを考えているのです。一人の市民としてアジアを考えることは、普通はしないのです。市民として考えるのは、せいぜいバカンスの旅行の行き先としてではないでしょうか。莫のあの質問は、「アジアを考えるのはいったいだれか」、あるいは「一人の市民としてアジアは考えられるのか」という、根底的ともいえる問題を私に投げかけたのです。

一人の市民としてアジアは考えられるのか、という問題に答えるための手がかりを私がえたのは、やはり「靖国問題」に正面することによってです。私は「靖国問題」を、すでにのべましたように、アジアの戦争という歴史と記憶とを日本が一国化しようとすることから生起する問題だと考えました。歴史を一国化しようとする反歴史的なナショナリズムが、東アジアに大きな亀裂をもたらしているのです。アジアの戦争とは、その歴史も記憶も一国化されてはならない、あるいは一国化できないものとしてあるのだと私はいいました。その歴史も記憶もアジアの人びとによって共有されねばならないものとしてあるのです。たしかに現実の「靖国問題」はアジアに亀裂をもたらすものとしてあります。しかしその亀裂の間《はざま》から、私たちは歴史の共有体としての東アジアを見出すのではないでしょうか。東アジアの歴史を一国化するナショナリズムが反歴史的だとすれば、東アジアの歴史を共有することは正しく歴史的なことです。反歴史的なナショナリズムが、正しく歴史的な、歴史の共有体としての東アジアを気づかせるのです。これは歴史の逆説です。

東アジアの戦争の記憶を「靖国」として一国化することに抗議する日本の一市民として私は、その抗議を通じて東アジアの人びととの歴史の共有を願うものとして、東アジアの歴史共有体の一員となるのです。この歴史共有体を構成する一員を私は東アジア市民と呼ぶのです。

運動としての《東アジア共同体》

《東アジア共同体》は、すでに歴史的な日程に上ったかのように論じられています。経済統合を経て、政治統合の過程で一休みしているEUを地球の向こう側に見ながら、《東アジア共同体》は現実味をもったトピックスになりつつあるようです。だが私がここでいう運動としての「東アジア共同体」とは、この新聞紙上の話題をなす《東アジア共同体》をいうのではありません。この《東アジア共同体》は経済的要請に促され、また国家利益に強くかかわりながら実現されたり、実現されなかったりするでしょう。この《東アジア共同体》とは、東アジアの市民とは本質的にかかわりない、それぞれの国家利益に立った東アジア地域国家間の連合体だと私は考えます。だが私がここでいう東アジア共同体とは、東アジアの歴史を共有する市民たちによる共生のための運動体をいうのです。それは実現されたり、されなかったりするものではありません。東アジアの歴史を共有しながら、東アジアにおける共生を願う市民たちの運動体が、あるいは運動そのものが東アジア共同体です。それは通貨の統合といった物質的な形をもった共同体ではありません。むしろ二十世紀の東アジアの歴史に応える市民たちの運動そのものが共同体というべきものです。

私は先頃、日本の歴史家上原専禄（一八九九―一九七五）が遺した『死者・生者』[9]という書を深い感銘をもって読みました。これは歴史家上原が、妻利子《としこ》の死に際して、死者回向の意味を問いつめながら書いた文章からなるものです。上原は現代日本の医療制度のなかで妻利子は死に追いやられた、あるいは殺されたのだと認識しました。死者に向かって回向する上原は、やがて自分を死者の思いを言葉にして伝えるべき存在として自覚するにいたります。「被殺者」である亡妻の代理者としてその声を現在の日本社会に伝えようとしたとき上原は、亡妻の声とともに無数の「被殺者」の声を聞くのです。「殺されていった人間というものは、もとより家内一人だけじゃなく、少なくとも今日の日本社会においては、自然死を死んでいった人間、死んでゆける人間などは存在しないのであって、ことごとくが殺されていくのではあるまいか、という疑惑が起ってきます」と上原は書いています。「被殺者」としての妻利子の声を、その後ろに数知れぬ殺されたものの声をもったものとして聞き取った上原の告発は、現代日本という歴史的な場における告発となるのです。死者と共存し、死者と共生しようとする遺された生者・上原による現代社会に向けての告発は、死者との共闘であるでしょう。歴史家上原がその書の序に記している次の言葉は、「生者エゴイズム」が支配し、生者の論理にのみしたがって戦死者をも利用する現代社会にあって私たちは、いく度となく読み返すべきものです。

「成心を去り、思いを柔軟にして、歴史と社会の現実を凝視すると、歴史と社会は、いずれの時代においても、また、いずれの地域においても、つねに『死者』と『生者』との共存・共生・共闘の時間的・空間的構造として存在したし、存在しているし、そしておそらくは今後も存在するだろうことを、あるいは発見し、あるいは洞察しうるのではあるまいか。」

東アジアの歴史の共有体としての「東アジア共同体」とは、歴史のなかで「生者のエゴイズム」によって利用され、専有され、あるいは排除された無数の死者たちと共存する共同体であり、その死者たちとの共闘としての運動であります。「生者のエゴイズム」からなる現代の国家と社会を作りかえていくのは、死者たちとともに歴史を共有し、死者たちとこの世界で共存し、共闘しようとするものの運動であるでしょう。

注

（1）戦後の靖国神社をめぐる政治的事態の経過については田中伸尚『靖国の戦後史』（岩波新

書、二〇〇二年）参照。

（2）「公式参拝」とは国家の代表である首相の立場を明示しての参拝をいう。中曽根首相は一九八五年八月十五日に靖国神社に「公式参拝」をしたが、中国、韓国をはじめアジア諸国からの批判によって翌年の参拝を中止した。なお公的であるか、私的であるかという参拝形式が日本で問われるのは、憲法が公的機関の宗教法人への関与を禁止しているからである。靖国神社は一宗教法人である。そこから小泉首相のように、「私の信念に基づく参拝である」といった詭弁が用いられたりする。

（3）小泉首相は二〇〇一年八月十三日に、内外の批判を押し切る形で靖国神社への公的参拝を断行した。その後、国際的、国内的な批判のなかで参拝日を変えたり、「私の心の問題」といった詭弁を用いたりしているが、一国首相が一国の戦死者に靖国の社前で礼拝することの正当性については決して譲ることをしていない。それは五回にわたる靖国参拝として示されている。

（4）戦争による犠牲者を「国家のための犠牲者（英霊）」とすること自体、国家による死者とそして生者管理のイデオロギーに基づくが、靖国はまさしくこのイデオロギーにしたがって、戦争犠牲者を選別し、日本の軍事的犠牲者のみを、遺族の了解もなしに一方的に護国の英霊として祀るのである。したがって靖国神社を日本の戦争犠牲者の中心的な祭祀施設とすること自体が、軍国主義日本が作った虚構である。

（5）満洲事変開始の一九三一年から、日中戦争、太平洋戦争を包括して、四五年の敗戦にいたる日本の対外戦争の全体を称して「十五年戦争」という。

（6）「東亜」が何であったかについては、私の『「アジア」はどう語られてきたか』（藤原書店、二〇〇三年。韓国語版『東亜・大東亜・東アジア』歴史批評社、二〇〇五年）を参照されたい。

（7）講座『アジア新世紀』第八巻「構想」（岩波書店、二〇〇三年）の総合討論「アジア学の作りかた、アジアの作りかた」における莫邦富の発言。

（8）二〇〇二年十一月に成均館大学校で開催された「東アジア学国際学術会議」で私は「昭和日本と『東亜』の概念」（前掲『「アジア」はどう語られてきたか』所収）という報告をした。

（9）上原専祿『死者・生者――日蓮認識への発想と視点』未来社、一九七四年。

〈コメント〉

近代病理学と「記憶の場」としての東アジア共同体

金基鳳《キムキボン》（京畿大学教授／訳＝任明信《イムミョンシン》）

一九三一年から日中戦争と太平洋戦争、そして一九四五年の敗戦に至る日本の対外戦争全体を包括するいわゆる「十五年戦争」は、日本の起こした戦争でありながら東アジア全体を巻き込んだ戦争である。ところで小泉首相の靖国神社公式参拝がいわゆる「靖国問題」になってしまうのは、この戦争をもっぱら日本の一国ナショナリズムのための記憶として日本国民に刻印させようとする意図をもっているからである。それでは、韓国と中国はこの靖国問題にいかに対処すべきであろうか。一般的に韓国と中国は日本の一国ナショナリズムに対抗して自国のナショナリズムを強化する方式で対応している。これについて、子安先生はまず東アジアに対する記憶づくりを歴史共有体として果たし、これを土台に東アジア市民運動を繰り広げていくことを提案している。すばらしい提案である。

私は「靖国問題」を日本人だけの問題でなくわれわれ韓国人の問題でもあると思っている。私たちの中にも靖国は存在する。民族と国家の名で、生者のため、死者の霊魂を呼び出す場所がわれわれにもあるのだ。国立墓地や顕忠院はそのようなところではないと自信をもっていえるであろうか。

日本だけでなく韓国と中国を含め、二十世紀東アジア各国の歴史は、国史パラダイムで歴史問題を思惟することによって東アジアという「記憶の場」を死蔵させた。日本には「韓」の消去が日本史成立のア・プリオリになり、韓国も同様に中国はもちろん日本と交錯した歴史的記憶を消しながら「国史」を創り出した。近代国民国家は国史教育を通じてあらゆる歴史問題を日本人または韓国人として考えるようにさせる「生体権力」を刻印させたのである。子安先生はこのような生体権力から解放され得る可能性を、(日本) 国民でない (東アジア) 市民としてのアイデンティティ形成に見つけ出そうとしている。

しかし国民国家の現実の中で東アジア市民としてのアイデンティティを持つということがどうすれば可能になるであろうか。このためには何より先に歴史を一国史的に認識するパラダイムとしての「国史」を解体し、東アジアという「記憶の場」を復元する作業から始めるべきである。子安先生は東アジアという「記憶の場」の復元可能性を逆説的に「靖国問題」において発見している。「十五年戦争」とは日本はもちろん東アジア人皆にとって歴史的な災いであった。そして靖国神社には日本のA級戦犯だけでなく多数の韓国人と台湾人が一緒に祀られている。したがって小泉首相が日本の首相として参拝することで靖国を一国ナショナリズムのための「記憶の場」として公式化するのは、他の東アジア人たちにはそれを「忘却の場」にすることに等しい。一国史的記憶は必然的に東アジアの忘却を伴うものである。私は、「靖国問題」を端緒にして一国史的記憶の亀裂の隙間を浮彫りにする戦略で国史を脱構築し、歴史的共有体として東アジアを共に創っていく運動を繰り広げようという子安先生の主張に全的に賛成する。子安先生は東アジア各国の良心的な市民たちが連帯して靖国問題を公論化していく過程の中で「東アジア市民」としてのアイデンティティが形成され得るというビジョンを提示しておられる。誠にすばらしい企画である。

子安先生はこのような東アジア市民共同体をヨーロッパ共同体のようにヨーロッパ各国が共に利益を図る地域主義的国家連合体でなく、東アジアの歴史を共有しながら東アジアの共生を祈願する自発的な市民たちの運動体として構想しているわけである。このような先生の提案は「方法としての東アジア」「知的実験としての東アジア」といった観念的企画から一歩進んだ「運動としての東アジア共同体」を実践する戦略なのである。

しかし問題は、民族の代わりに東アジアという「想像の共同体」が国家という現実を超克する代案としての政治的共同体に発展していけるかという点である。伝統的な人間関係が解体した近代において、個人は「万人の万人に対する闘争」を解決できる制度的装置として国家というリバイアサンを民族の名で形成しようとする意思と熱情を持った。その過程において民族主義は一つの政治宗教として機能したし、靖国神社は近代日本国民にそのような政治宗教の聖地として認識されたのである。

伝統的な紐帯を喪失した近代人たちは、過去の祖先と現在の私、そして未来の末裔たちを一つに束ねる絆として民族を創造した。近代において個人のアイデンティティ危機が深刻になればなるほど、この危機を補償せんとする要求がさらに強く民族に投射され、民族主義は世俗化した社会において政治宗教としての役割を果たしたのである。要するに、民族は有限で儚い我が生き方に永遠不滅と価値とを与える「マトリックス」(matrix)として働いたのである。子安先生の指摘どおり、「歴史と社会とはどの時代、どの地域においても常に『死者』と『生者』の共存、共生、共同闘争の時間的、空間的構造として存在したたし、存在しており、またおそらく今後も存在するであろう」という事実を発見し、洞察できるものである。「すべてが煙のように消えて行く」時代を生きねばならなかった近代人たちはそのような歴史と社会を民族というマトリックスの中から発見したわけである。ところで、「運動としての東アジア共同体」が果たしてそのような民族というマトリックスをシステム誤謬(system failure)にさせ得る代案のプログラムになりうるであろうか。そのためにはやはり東アジアの次元における新しい政治宗教が要請されるであろう、というのが「啓蒙の弁証法」である。少なくとも一つはっきりしておくべきなのは、この政治宗教が決して民族宗教でない市民宗教の形態を帯びねばならないということ。このような市民宗教というプログラムのコンテンツを創り出さねばならないのが歴史なのである。形而上学的な民族でなく具体的な生き方としての経験である歴史が、生者と死者をつなぐ絆になるべきなのである。国史が民族を「記憶の場」にして歴史を構成したのであれば、東アジア市民共同体の建設のため何より先に求められるのが東アジアという「記憶の場」を構築する作業である。小泉首相は戦争で亡くなったあらゆる死者を哀悼するため靖国神社を参拝すると主張したが、その参拝は韓国人と台湾人が共に祀られている靖国を日本人だけのための「記憶の場」として占有するものであり、これは結局靖国を「忘却の場」にする行為なのである。

また、小泉首相の靖国公式参拝は無数の死者たちを排除し忘却する「生者エゴイズム」の典型である。東アジアという記憶の未来化のため東アジア市民たち、とくに歴史家たちはやはりドイツ民族主義の狂気の犠牲となったヴァルター・ベンヤミンの次の言葉を心に刻むべきであろう。「過ぎた過去を歴史的に蘇らせるということは『それが本来どうであったか』を知ることではない。それは危険の瞬間、閃光のように浮かび上がる記憶をつかみ取り自分のものにすることを意味する。……過去から希望のたいまつを掲げ挙げ得る才能を持つ人は、再び敵が勝利すれば死んだ人々までも敵から安全でいられないだろうということを透徹に認識している、ただそのような歴史家である。」

結論的に、私は「歴史共有体」としての東アジアという子安先生のテーゼに全的に同意するが、その問題に接近する方式においては近代の病理学という観点からさらに充分な省察が求められると思う。

以上の私のコメントは第四部「歴史の共有体としての東アジア」（本書第4章）のみを読んで書かれたものである。後で第一部「日本ナショナリズムの解読」（第1章）第二部「漢字論から見た東アジア」（本書第2章）第三部「『韓《から》』の痕跡と『日本《やまと》』の成立」（第3章）を読み終わってから、この第四部は「『近代』の彼方から観た日本と東アジア」というタイトルで行われた連続講義の結論のようなものであることがわかった。子安先生は講演で私たちに、近代とは日本または韓国のみを記憶すると同時に東アジアを忘却する各国の「国史」をつくる過程であったことを明らかにした。日本の場合、「韓」の消去こそ近代日本が歴史的に成立しうるア・プリオリになったということもそうである。したがって近代を超え、すなわち近代の境界の外で思惟するということは、一方においては近代国民国家の成立過程の中で日本と韓国として記憶されたものを忘却し、もう一方では忘却された東アジアの歴史的文脈を再び蘇らせる記憶と忘却の弁証法を新しくする作業である。子安先生はこのような記憶と忘却の弁証法を、「靖国問題」を端緒にして試みるよう提案しているわけである。すでに言ったように誠に奇抜ですばらしい提案である。

しかしやはり問題は、このような理想的な提案が果たしてどれほど実現可能な企画であろうかということである。靖国は近代の政治宗教がつくった聖地である。したがって靖国を近代の外で脱構築するためには、その靖国をつくり上げた「近代の病理」を治癒できる具体的な処方が提示されねばならない。伝統的価値と意味の喪失を経験した近代人は「我々はどこから来、我々は何者であり、またどこに向かって進むべきなのか」に対する生き方の根本問題に直面しなければならなかったし、このような実存的危機を民族という「想像の共同体」に投射して克服しようとしたのである。近代という境界の外での思惟というのは、このような民族主義的政治宗教の虚構性を暴露することである。問題はその代案を「運動としての東アジア共同体」が提示できるのかという点である。東アジア共同体が果たして「死者たちと共に歴史を共有し彼らとこの世界で共存し共に戦っていける」歴史的エナジーの源になれるものであろうか。我々は果たして民族のために死んでいった祖先たちのように、東アジアのために喜んで犠牲になれるであろうか。そして何故、死者と共有する空間が民族でなく東アジア共同体にならなければならないのか。東アジア共同体というのは、また新しいマトリックスであるとは言えないだろうか。このような疑問のゆえに、私も子安先生のノーブルなドリームの実現を望みながらも「運動としての東アジア共同体」への確信にためらわざるを得ないのである。

第II部　日韓・東アジア近代史の共有
――歴史の一国化と日露戦争という盲点――

5 百年前の東アジア、現在の東アジア

――国際関係から見た日露戦争と韓国併合――

崔文衡
訳＝小西明子

八カ国を視野に入れた日露戦争研究

藤原書店の創立一五周年を、心よりお祝い申し上げます。この席に出席できましたことを、本当に光栄に思っております。特に本年は、まことに意味のある年です。日露戦争百周年、終戦六〇年、韓日国交回復四〇年です。皆様に、心から感謝いたします。

けれども、私に与えられた課題は非常に大き過ぎます。百年前の東アジア、今日の東アジア、特に今日の日本がどうあるべきか、これは今日の日本が進むべき未来の道を提示しろという意味になります。私にとってこれを一時間で話すというのは、とても難しい。通訳を含めて一時間です。私は過去を勉強する一歴史家に過ぎません。歴史的事実を土台に断片的な話しかできません。皆さんのご了解をお願い申し上げます。

まず私の本に対する批評からご紹介いたします。私の本は、日本の学者とは違う発想に立っていると、多くの日本の学者から言われました。そうした違いの原因は、韓国が置かれた歴史的条件が日本とは違ったことにあると私は考えます。日本の学者にとっては、おそらく学問それ自体の専門家となれば十分なのだと思いますが、私の場合は、そうではありません。私にはそんな知的奢侈は許されなかったのです。日本は他国から圧政を受けた経験がありません。しかし韓国は歴史的に多くの列強からの圧政を経験してきました。そのため私は、特にそうした他の国々、列強がどんなふうに私たちに圧政を加えたかを研究しなければならなかったのです。

日露戦争は韓国の運命を左右した戦争でしたから、日露戦争に関与した八カ国について一つ一つ勉強しました。しかし日本では、日露戦争は日本とロシアの戦争だと考えられています。これが一般的な捉え方です。(二〇〇五年)十二月何日か忘れましたが、NHKの日露戦争を扱ったドキュメンタリーを見ました。ロシア側の史料もいろいろ提示されていましたが、話のポイントは、結局、日本とロシアだけの話です。非常に静態的で、ダイナミクスさに欠けた内容だと感じました。みんながわかるものを羅列しただけなのです。私は、以前から、日本には小さなトピックをインテンシブに勉強する学者はたくさんいますが、広がりをもったエクステンシブな研究がないと言っておりました。

二五年前、一九七九年のことですが、シカゴ大学で入江昭先生とお会いしました。そのとき入江先生に同じことを尋ねたのですが、先生も私と同じ考えでした。ですから私に「エクステンシブな研究ができるのは、あなただ」と仰いました。エクステンシブな研究は、植民地を経験した韓国の学者がするべきだというのです。日本にはそんな経験がないから、そういう条件が整っていないとおっしゃりたかったのかも知れません。

とにかく私は、列強関係の中における日露戦争、国際関係から見た日露戦争、それを研究しただけです。私の本の韓国版は、『国際関係から見た日露戦争と日本の韓国併合』というタイトルですが、藤原書店から出たものは『日露戦争の世界史』と名づけられました。内容は同じですが、タイトルは違います。アメリカの本も、イギリスで刊行される場合はタイトルが変わるものがいくらでもあります。

もちろん、歴史は反復するものではありません。時代類型と与件が異なりますから、同じことが反復されることはありません。しかし、歴史の類型というものは、時代を超えて見られることがあります。特に認識手法の類型化は、いくらでも可能です。それが私の見解です。まず日露戦争を見ても、そのことがわかります。

百年前の東アジアでは、清国と日本とロシアが対立していました。今日も、それは同じです。中国と日本とロシアの対決です。ですから類型は同じです。そして大国同士、つまり清国と日本が覇権を争えば、韓国はいつも被害を受ける。豊臣秀吉の韓国侵略や日清戦争、日露戦争を見たらそのことがよくわかります。ですから韓国としては、大国同士の衝突による被害を大きく受けてきたわけです。韓国にとっては戦争防止が何より切実だったのです。

日本はどうかと言えば、日本も軍事力だけで、すべてを決定することはできない時代になっています。日清戦争は、清国では、直隷省という一つの省と日本との対決と見なされました。清国との対決とはいいません。当時の清国は、ナショナル・ステートではなかったわけですから、一つのローカル・ガバメントです。ローカル・ステートと日本というナショナル・ステートが対決したのが、日清戦争だと言われました。しかし今の中国は違います。完璧なる統一国家を構築しています。そして、中国はいま力を増しています。ですから日本もいま東アジアの真正の同伴者になるには、まず脱亜的な優越感を捨てなくてはならないのではないか。それこそ歴史的教訓と、私は思います。

英米の思惑

ナポレオンが失脚したのは、一八一五年。その失脚から一九〇七年まで、約九〇年間、イギリスとロシアの対立が続きました。これを他と比べてみると、ヒトラーを打倒した後、アメリカとソ連が対立しますが、その対立期間は四五年間です。そう考えますと、イギリスとロシアの対立の九〇年間というのは、アメリカとソ連の四五年間の対立の二倍に相当します。

そしてこのイギリスとロシアの対立は、義和団の乱以降、日本とロシアの対立に変わります。それはイギリスがロシアの南下に対する防衛の負担を日本に負わせた、転嫁したということです。アメリカから見れば、満洲の門戸開放を阻害しようとするロシアを牽制するために、日本を利用したということになります。アメリカからしてみれば、「日本は我々の戦争を代行している」という言葉まで出てくるほどでした。そうだとするならば、イギリスとアメリカに日本が奉仕することに対する見返りは何か。日本の韓国保護権です。日本の満洲の門戸開放の約束履行がその前提条件です。ロシアも一応戦争に負けましたので、負けた以上は、ここまでの譲歩は認めるしかありませんでした。

利用されながら利用する外交

ところが日本が予想以上にロシアに快勝してしまった。そして日本がアメリカの許容範囲、限界を超えるのではないかという兆候を見せると、アメリカは九連城、鳳凰城の戦闘が終わった一九〇四年六月六日、ただちに高平小五郎と金子堅太郎をオイスター湾に招聘しました。そこでアメリカのルーズベルト大統領が講和斡旋の意思を伝えました。講話の斡旋を通じて、自分の意思を貫徹しようとしたのです。これを日本の学者がどう評価しているかというと、「金子外交の勝利」と言う。ところがこれは、決してそういうことではありません。

その三日後、六月九日に、高平と金子をオイスター湾にもう一度呼び出しました。そこで日本の具体的な進出可能な範囲を定めました。奉天以北の北上を禁止するということです。これはどういうことかというと、開戦四カ月後に、すでにアメリカは日本を牽制し始めたということです。

講和会議で日本の進出可能な範囲というものが決められましたが、もし日本がそれ以上のもの（further development）を望むのであれば、まず満洲の門戸開放を先に保障せよというのです。その見返りとして今度はロシアも条件を言い出しました。ロシアの条件は何かというと、内外の蒙古、それから新疆の権利ということです。それから戦後になって日本は満洲門戸開放の約束を違約しましたが、アメリカはイギリスと一緒に日本に対して約束履行を強要することになります。

ここで言う日本の「それ以上の進出」というものが具体的に何を指すかというと、それは、日本が韓国を併合するということです。そして日露戦争後、アメリカとロシアが日本を牽制し始めるのですが、その本当の理由は、見返りの要求でした。

それに対して、日本はアメリカとロシアの圧力をどう克服したか。そのことが問題になります。まずイズヴォルスキー・ロシア外相が登場することによって、方向転換が生じます。イズヴォルスキーというのは、駐日公使をした人物です。「きのうの敵はきょうの友」ということで、日本はロシアと一緒に、イギリスとフランスによるドイツの包囲網の構築に協力したのですが、そのドイツ包囲網を構築する上で、日本はあえて自分から進んで列強に利用される、相手に利用されることによって、今度は満洲からアメリカを追い出そうとします。それが第一回日露協商です。

それからもう一度アメリカと接触をして「ルート＝高平協定」を結びます。結論的に言うと、この間の小村外交は、小国外交の典型、一つのモデルだと言えます。米国に利用されながら米国を利用して、韓国保護権を獲得する。そして戦後は英仏に利用されながら、英仏を利用して満洲から米国を追い出す。すばらしい外交です。日本の強力な軍事力とともにそうしたすばらしい外交力を駆使して日本は韓国を併合しました。

この小村外交はすばらしいと私は思います。しかしそれは正当だということではありません。外交力の評価は、その正当性の評価とは別です。

今日の小泉首相も、実はこういう類の外交をしているのではないかと思ったりもします。イラク派兵がまさにその一例ではないでしょうか。つまり、アメリカに自分が利用されながら、自分もアメリカを利用するような形をとっているという意味です。

しかし、脱亜入欧から脱亜入米の状態になっている今日の日本ですが、この状態を今後そのまま続けることはできないと思います。日本と中国が互いに軍事力を増強し、互いを牽制しようとするのであれば、結局は、十九世紀末の再現にならざるを得ないからです。

東アジアの「共同体」を

きょうのシンポジウムのタイトルでもある「今、世界の中で日本外交はどうあるべきか」ということを考えてみれば、EU、ヨーロッパ連合のようなものを、実質的な代案として提起できるのではないかと思います。なぜならばEUのようなスタイルというものは、多様な地域の自立を後ろから支えてくれる、後押ししてくれるものであると思われるからです。

ところが不幸にも東アジアには、様々な地域を一つにまとめ上げることのできる共通したアイデンティティがありません。ヨーロッパにはキリスト教という共通したアイデンティティの基盤があります。八〇〇年にカール大帝がヨーロッパ共同体のようなものを初めてつくりました。これがヨーロッパの共通の基盤になっています。ところが、アジアにはこういうものがありません。そこで「東アジアの共同体」というものは、東アジアの発見のための仮説的な概念となるほかはありません。しかしEUというものも、初めからそれが可能であるとは誰も思わなかったのです。

では東アジアの場合、どうすればよいか。まず普遍的な価値の共有を優先しなければいけないと思います。次に何を追求するか。今度は歴史の共有になると思います。『日露戦争の世界史』の序文に「日露戦争の共同研究の場を設けることによって、歴史を共有する」と私は書きました。共同体をつくるためには、歴史の共有が必要です。共同体をつくるということに関しては、日本のどなたにも同意いただけると思います。しかし、そうした共同体をどのようにつくっていくかがポイントになります。

歴史の共有から始める

現在、その土台は少しずつでき始めているのではないでしょうか。例えばこの度のインド洋の大津波に際しては、タイやインドネシアの災害に対して、日本が先頭に立って援助する姿が見られました。もちろんそこには政治的な思惑があるのですが、そういうことはとりあえず問題ではないと思います。

それから最近の、皆さんも御存じの韓流ブーム。日本の若い人たちが韓国に対して非常に好感を持っている、好意的であるということが知られてきています。最近の世論調査の結果ですが、韓国の人の日本に対する好感度も四三％まで上がっている。こういう状態は、わずか半年前でも想像すらできませんでした。日本の皇太子夫妻が韓国を訪問するというニュースまで報じられています。韓国ではもっと驚くようなことも起こりました。ある歌手が、『叩きのめされる覚悟で百年ぶりの親日宣言』という本を出しました。このような内容の本を出すこと自体、半年前ですら考えられませんでした。

こうした今の状況をどう考えたらよいか。私のような歴史学者の立場から見ると、これは、高句麗史問題を契機にした韓国の中国に対する嫌悪感の現れであるようにも思います。実は中国に対する韓国の嫌悪感というのは、百年前にもありました。金玉均という韓国の方がちょうど百年ぐらい前に、中国に対する嫌悪感のために親日的になった、日本の方に近づいたという事実があります。ちょうど百年たって、一回り歴史が回ってきたという気もします。ただしこれは、情緒的な話に過ぎません。

では実際に何をすればいいかという話に戻れば、私たちは歴史の共有というところから始めなくてはいけません。まずそれは日露戦争の歴史を共有するところから始める。それが私の考えです。

ご静聴、ありがとうございました。

6 閔妃暗殺とは何か

——日露戦争の序曲——

崔文衡

訳＝金成浩《キムソンホ》

今日の韓日間の重大な懸案の大部分は、日露戦争から始まったと言っても過言ではない。日露戦争は日本の閔妃《ミンビ》殺害から始まり、戦争終息は日本の韓国併合という結果をもたらした。そして、独島（竹島）占取は日本内閣による戦争遂行のための海軍戦略支援の一環であった。韓日国交正常化四十周年を迎え、日露戦争研究の必要性は再び痛感されている。筆者が『日露戦争の世界史』（藤原書店、二〇〇四年）を著した動機もその歴史が今日の現実と直接連結されているためでもある。

日露戦争と言えば、日本の読者達はまず司馬遼太郎氏の作品を連想するだろう。同じように、「閔妃暗殺」と言えば、角田房子氏の小説（『閔妃暗殺――朝鮮王朝末期の国母』新潮社、一九八八年）が日本の読者の唯一の教本になっているようである。もちろん、前者とは規模と格が違うが、それなりに日本の読者を自分の主張の方に縛り続けている点では大差はない。彼女も優れた文筆力ときらめく才知で読者を魅惑したからである。

しかしこれはどこまでも小説であって真実ではない。これが小説であるという事実を知らない人はいない。しかし読者たちは小説と知っていながらも絢爛たる彼女の文筆力に眩惑され無意識的に真実の歪曲に染まってしまうのである。韓日間の歴史の共有を阻害する要因もまさにここに始まったのではないかと思われる。すなわち、角田房子は事件関係者たちの行動細部に読者の関心を縛っておいたまま「閔妃暗殺」問題の本質を糊塗したのであった。

評論家の子安宣邦氏も「角田の作品を読んで、関連人物に関することだけがわかったのみで、『閔妃問題』をわかったことでは少しもない」と評した。読んだ後、「むしろ『閔妃暗殺』を問題として持つようになった」と述懐している。[1] 筆者がここで「閔妃暗殺とは何か」という疑問を今更提起する所以もまさにここにある。

この論稿の目的はどこまでもこの事件の本質を究明することにある。本質とは一言で、日露対立という国際情勢の中で起きた閔妃の「引露拒日策」とこれに対する日本政府の対応を以って要約することである。これを理解するためには、まず先に日清戦争以後の韓半島をめぐる国際関係の変化から探る必要があるだろう。

閔妃暗殺は日本の国益守護策

日清戦争に勝利した日本がロシアの主導する三国干渉に屈服するや、これを見た閔妃はすばやくロシアを韓国の方に引き入れた。韓半島に対する日本の独占的支配をロシアの力を借りて防ぐためであった。ロシアの一喝に屈服し、日本が莫大な犠牲を払い獲得した遼東半島を清国に返還するようになったその「弱勢」を、閔妃はすばやく捕捉したのであった。

早くから閔妃はロシア勢力を引き入れようとした。英米に接近しようとした金玉均《キムオックキュン》などの急進改化派の外交が失敗に終わるや、閔妃は一八八四年五月を期してついに朝鮮外交の主導権を掌握した。そして、従来の外交路線を全面修正し今回は反対にロシアに接近した。韓露修交（一八八四年七月七日）は閔妃外交の初の産物であった。そしてこの後の五カ月で、「韓露密約」説が広まるぐらいに、閔妃は親露的政策を積極化したのであった。

もちろん、駐韓ロシア公使ウェーベルの影響もあった。しかし、閔妃の性向からみれば、三国干渉以後、「引露」がすなわち「拒日」という信念は、ウェーベルと関係なく固まっていたといえる。したがって、閔妃は過去に清国が韓半島から享受してきた全権益をそっくりそのままロシアに引き渡した。これは、韓半島での日清対決が終わり新たに日露対決時代が本格的に開幕する重大な契機となった。

これに日本の苦悶は、戦後韓半島で清国よりさらに強大なロシアとの敵対が不可避になったという点にあった。したがって、日本ではこれに対する確固たる対応策の講究が急がれた。とはいえ、ロシアを相手にすぐさま全面戦に突入するわけにはいかなかった。終戦直後で余裕がなかったためである。このような事情はロシアも日本と大差なかった。当時のロシアはシベリア鉄道の完工までにまだ時間を要したからである。

したがって、日本に残された方法は戦争ではなく間接的な対策しかなかった。韓国とロシアの連結鎖（閔妃）を懐柔するか、そうでなければ、機会を見て除去するかという二つの方法である。

すでに書いたように、日本は、多くの人命を犠牲にし、戦争にのめりこんだ後にようやく日清戦争に勝利することができた。そこに閔妃がロシアを引き入れて日本のこの目標を一挙に霧散させようとした。日本政府が閔妃を放置できなかった理由がこれであった。

『日清戦争』(岩波新書)の著者、藤村道生も「このクーデター(閔妃殺害)は、……その大筋において日本政府の方針と矛盾する点はない」と言及している(一九二頁)。「閔妃殺害」が日本政府の政策目標と外れないという話である。「閔妃殺害」は、日露対立の中で日本がロシアの韓国浸透を戦争ではない方法で遮断しようとした先手措置であった。これに対して「露館播遷《はせん》」(朝鮮王を露公使館に移すこと)は、このような日本の挑戦に直面してやはり戦争ではない方法で日本に対応するロシアの応戦であった。日本の閔妃殺害はそれこそ「見えざる日露戦争の序曲」だったのである。(2)

ナポレオン失脚以後、ロシアの南下に対する牽制の役割を果たしてきたのは絶えず英国であった。英国とロシアは、バルカン、中央アジア、そして東アジア等で舞台を移しながら対立を続けてきた。その対立の規模は当然、世界的であったと言ってもよいだろう。そして、「閔妃暗殺」を契機として、ロシアに対するこのような牽制の役割を日本が自然と引き受けたのである。英露対立ではなく、日露対立という日露戦争の構図が最初に韓半島に現われたのであった。

つまり、日本はロシアを韓国に引き入れた閔妃を殺害することで、韓半島における自国の権益を守護しようとする反面、ロシアは主権者である王を自国公使館に引き受けることで日本の挑戦に対応した。したがって、「閔妃殺害」は決して個人次元の事件であるはずはない。韓半島支配を守り抜くための、まさに国益守護のための政府次元の措置でないはずはない。そして、当時の国際状況の変化が日本政府をしてまず先手を打たせるようにしたのであった。

国益守護の先頭に立った井上馨と彼の日本政界での位置

したがって、「閔妃殺害」事件の主導者は日本政府を代表する人物であるはずである。そして国際状況の変化がこの人物をして閔妃殺害を可能にさせた。日本政府を代表する人物でなければ閔妃殺害は初めから考えすらも及ばないことである。そうならば、閔妃殺害の主導者ははたして誰であったのだろうか。「大院君《テウォングン》主謀説」が提起されたことも、「三浦首謀説」が定説のように語られたこともあった。しかし、これはとんでもない話である。再論するが、閔妃殺害は、韓半島をめぐって日露が対決する局面において、日本が自国の支配権を守護するために犯した事件であった。これは、朝鮮王室の不和やなんらかの個人次元の事件として糊塗することのできないものなのである。

さきに「大院君主謀説」から考察してみよう。大院君が一八六六年閔妃を嫁として揀択（選定）した執権初期はもちろんその威勢は絶対であった。しかし、殺害当時（一八九五年）には、すでに権力を失い孔徳里の田舎の家に軟禁されていた七十五歳の無力の老人であった。実際に、一八七三年一二月以後、閔妃の勢力はすでに大院君では牽制できないほど強力になっていた。閔妃がロシア勢力を引き入れ清国と日本を排斥（拒清・拒日）しようとするたびに、清国と日本は大院君を利用して順に閔妃を牽制しようとした。これが二人の葛藤の全てであった[3]。大院君は清国と日本に閔妃牽制用として利用されただけで、閔妃と対等の意味で対決した事実はなかった。

「三浦主謀説」も同じように事理にあわない。特に、日本がこの事件を個人次元の偶発的事件として糊塗しようとしたことは、韓国人をそれこそ愚民扱いした端的な例である。「日本人の頭の中には大陸への通路としての朝鮮半島があるだけで、韓国はなく、今日においてもない」という子安氏の言及[4]を今さらながら実感するのである。

すでに述べたように、三浦は朝鮮問題に関しては門外漢であっただけでなく、外交経験もまったくない退役軍人であった。韓国公使として赴任したことはしたが、彼が王妃殺害のような国家的重大事を単独決定できる位置にいたのでは決してなかった。そのうえ、三浦は一八九五年九月一日に赴任して三七日後に王妃を殺害した。時間的に考えても全く妥当性はない。

赴任後も三浦は前任者井上と同じ公館において一七日間共に過ごした。これは外交慣例にそぐわないことであった。この期間を除けば三浦の単独公使職遂行期間は二〇日間にしかならない。この短い期間に朝鮮問題に経験が皆無の一無骨が、事件の政策決定はもちろんのこと、細部実行計画まで引き受け単独で主導したというのは決して信じることができない。王妃殺害のための細部計画は井上の離韓直後から可視化されたという点からみれば、三浦は現場責任者ないし下手人にしか過ぎない。

だとすれば、閔妃殺害を主導することができた日本政府当局者は、いったい誰であったのか。角田は、当時の対韓政策の総帥を陸奥外相と断定した。筆者は歴史家であるので、小説の作品についてそれが真実かどうか追究する考えはいささかもない。しかし、ただ読者へ真実を伝える義務があるため、幾ばくか追加しておきたい。

陸奥は下関条約と三国干渉を賢明に処理した日本の名外相として知られている。したがって、外交に関する限り、陸奥こそ伊藤首相を補佐し、関与しない部分がほぼない位の当代日本の最高当局者であった。陸奥を日本政府と言っても全くおかしい点はない。そして、この当局者は、王妃殺害に直接加担した故郷の後輩の岡本柳之介からの報告を受け、ようやく暗殺事件に対する顛末を知るようになったのである。

よって、この事件はどこまでも現地に限定された事件で、「日本政府との間には直接的関係はない」という旨が、角田の結論である。「どれだけ自由に想像の翼を伸ばしても、陸奥宗光が、また伊藤博文が閔妃暗殺を計画したという考えには至らない」と角田は言うのである。一言で言えば、角田は陸奥と岡本との関連性を通じて事件を説明しようとしたのであった。

しかし、角田がいくら岡本ら浪人たちの活動細部に読者の視線を釘付けにしたとしても、陸奥はこの時すでに日本政府の当局者ではなかったのである。角田の主張はこの点を見落としている。当時、陸奥は持病である肺病が悪化し、これ以上外相の職務を遂行することができない状態であった。天皇の配慮で外相という名義だけは持ち続けることはできたものの、一八九五年六月五日を期して、すべての業務と権限を文部相の西園寺公望に引き渡したのであった。[5] したがって、閔妃暗殺は陸奥外相時代ではなく、西園寺外相執務時代（一八九五年六月五日―一八九六年四月三日）に起きた事件であった。これは『日本外交史辞典』[6] のような基本書だけを見ても簡単にわかる史実である。

繰り返すが、陸奥は事件当時名義だけの外相であっただけで、日本政府当局者ではなかった。水面下で閔妃殺害の陰謀が進行しているまさにその最中に、陸奥は大磯で持病の治療に力を使い、自分の外交人生を整理していた。彼の回顧録『蹇蹇録』は一〇月中旬に執筆を開始、一二月末に脱稿したものであると知られている。[7] これは、閔妃殺害が断行され国内外で余波が生じていたまさにその時にあたっていた。

重病に悩まされた陸奥は、一〇月以前にすでに職務に関与する意欲も持ち合わせていなかった。随行秘書官の呉啓太によれば、七月初旬より中旬にかけて、陸奥は結核だけでなく腹痛と下痢も重なり健康を極度に悪化させていた。米国の新聞に「陸奥危篤」という電報（八月三日付）が掲載された程であった。[8] 政府が三浦梧楼を駐韓公使として内定したのはまさにこの頃であった。

陸奥は、三浦の駐韓公使正式任命（八月一七日）について「不可」を主張し、自身がその人事に関与できなかったことを明らかにしている。「私は大磯からその不可を主張したが、長州勢力に押されて意志を貫徹できなかった」と陸奥は不満を述べている。[9] これは対韓方略を強硬路線に変える政府の決定に陸奥が関与できなかったことを明確に示す一節である。

結局、角田は肺病で療養中の患者である陸奥を日本政府当局者として断定しておいて、陸奥が殺害を主導したのではなかったという論法を駆使した。角田の作品は初めからこの結論を導き出しておいて執筆されたのではないかという感じさえ受ける。再度強調しておくが、陸奥は決して閔妃殺害当時の日本政府当局者ではなかったのである。

王妃殺害の主謀者は井上馨であった。伊藤の補佐役であった渡辺洪基も一八九五年七月一一日英国公使サトウ（Ernest Mason Satow）に「三浦はただ井上の政策を遂行しただけ」[10]と言及、同年一一月二一日付『ノース・チャイナ・ヘラルド』（North China Herald）紙は、「井上が閔妃殺害の首謀者で三浦は犠牲の羊にしか過ぎない⑾」と指摘した。

実際、井上は伊藤博文・山県有朋などと同じ長州出身で明治日本を建国した功労者の一人である。伊藤より六歳も年上であるが、二人は英国にともに留学しきわめて親しい友人関係にあった。井上は、江華島修好条約・漢城条約を締結するのにも核心的役割を果たした日本第一の朝鮮通であった。また特に、壬午軍乱と甲申政変の戦後処理を担当した外相でもあった。伊藤が清国と天津条約を結ぶために李鴻章を相手にしたならば、井上は当時日本の最大懸案であった朝鮮問題を全て引き受けた。駐韓公使として赴任する直前、井上は現職内相の地位にあった。

しかし日本政府内においての井上の位置は官職だけでは評価することができない。いわば「元老」という特別な地位から探さなければならないのである。「元老」とは、国政全般にわたり「天皇の広範囲な機能を実質上集団的に代行する」という日本政界最高の権力層であった。憲法に規定された機関ではないにしても、彼らはどのような重要な国務にも公的に介入することができる権限を持っていた日本最高の政策決定者たちであった⑿。一言で言えば、地方（京都）にいた貴族を連れてきて天皇に擁立した開国功臣たちであった。

したがって、朝鮮問題に対する井上の発言権は彼の駐韓公使職という官階と関係なくまさに絶対であった。「白紙委任され朝鮮に渡って行った」という言葉でもわかるように井上は駐韓公使の任命を受け朝鮮問題に関する限り「専決断行権」の付与を受けていた⒀。現職内相として局長級にしか過ぎない駐韓公使として赴任したことも井上自身の願いに従ったものであった[14]。そして、三浦を自身の後任として推挙し引き下がったのもすべて井上の意志であった。

井上はソウルに赴任した（一八九四年一〇月二七日）後、日本の韓半島支配権を危殆に瀕させている張本人がすなわち閔妃という事実を実感した。ロシアが清国の昔の役割を代行できるように閔妃が支援し、韓半島での日露対立を本格的にけしかけたためであった。三国干渉（一八九五年四月二三日）で日本の「弱勢」が現われるや閔妃は「引露拒日」をはばかることなく本格的に進めたのであった。

しかし、日本の「弱勢」はうわべにはそう見えただけで事実とはまったく違っていた。日本は干渉三国に屈服しただけで敗戦した清国に屈服したわけではなかった。清国に対してはどのような些細な譲歩も拒否したのであった。それも遼東半島返還に限ったもので、これに対しては補償金まで受けとっていた。そして朝鮮に関する条規をはじめとして、下関条約の原案も修正することなく清国に批准させた。

戦勝国としての優越した地位には些少な損傷もなかったのである。むしろ「日本の力による平和（Pax Japonica）」とも言うことができる状況であった。清国の対韓宗主権放棄によって日本の韓国支配権も大きく強化された状態であった。実際には下関条約の締結で朝鮮植民地化のための基礎がすでに構築されつつあった。

閔妃としてはこのような国際環境を感知する道はなかった。閔妃の目には遼東半島のような戦略要衝まで仕方なく差し出した日本の困窮だけが見えたのである。三国の協力関係が壊れた事実を知るすべもなかった。ここで閔妃は拒日の要件が十分に成熟していると判断したのであった。

国際情勢の変化と閔妃の誤判断

しかし事情は正反対であった。日本の「弱勢」は事実上二カ月も持続しなかった。干渉三カ国の緊密な協力関係が壊れ、ドイツが逆に日本を助けたためであった。自国ではない日本の領土で、しかも三国の公使と日本外相だけが参席する東京会談の内幕を閔妃としては知るすべはまったくなかった。わかったならそれはむしろ異常なことであったであろう。

「拒日」の支柱である「引露」にも問題があった。王妃は、ロシア公使ウェーベルとの親交とそのウェーベルの洗練された外交官としての親切さをロシア政府の好意と受け止め信じたのであった。王妃としてはそのように信じる他なかった。しかし、ロシア政府としては、シベリア鉄道完工前には、日本が満洲を侵攻しない限り、どのような方法を用いてでも日本との衝突を回避する立場であった。

したがってロシアは朝鮮問題に介入するために日本と衝突を冒す考えはいささかもなかった。三国干渉以後、ロシアの主政策路線がすでにヴィッテによって「満洲への平和的浸透」に確定された以上、彼らの最優先課題は東清鉄道敷設権獲得であった。

再論するが、ロシアの立場からは朝鮮問題はどこまでも将来的課題であり、二次的意味しか持たなかった。[15]そして王妃がこの事実を理解する方法はなかったのである。王妃にとっての「拒日」は「引露」が前提となっていたが、まさに「引露」から問題が発生したのであった。王妃はロシアの駐韓公使だけに依存したのだが、彼にはそのような力はなかった。

結論的に言えば、閔妃は日本の「弱勢」について正しく把握できなかっただけでなく、固く信じたロシアの政策路線に対する理解もまったくできていなかった。もっぱら日本の独占的支配を防がなければならない一念からロシア公使の好意だけを鉄石のごとく信じたのであった。これが「九重の宮闕」内にいる閔妃の限界であった。初めから、すべての情報を活用することができた外相の経歴を持つ井上の敵ではなかった。

国際情勢も三国干渉以後急変した。日本の内閣は、六月四日、低姿勢の決議を行ったが、その後その内容を三国の公使にすぐさま伝達しなかった。四五日間も時間を延ばして重ねて修正を加えた後、陸奥の臥病で外相臨時代理として新任した（六月五日）西園寺が、七月一九日、ようやくこれを通告した。そしてこの四五日間に日本の態度があまりにも大胆に変わったのである。三国の結束力が利害対立で弱体化した隙に、これに乗じた日本の外交戦略の結果であった。

実際、干渉三国の利害対立は日本が利用する上で好都合に展開した。問題は、ロシアが清国に対する借款供与という利権獲得の機会からドイツを除外させたことで、それが発端となった。ここにおいてドイツは、将来の中国分割から自国の分け前はすでに剥奪されたと判断したのであった[16]。したがってドイツはこの後、対清借款問題においては露仏と敵対するため英国と協力する反面、遼東半島返還問題では昔とは反対に日本の主張を弁護ないし支持する方向に立場を急旋回させた[17]。

このような露骨な対立の雰囲気をすぐさま日本政府は感知した。日本代表が三国の公使を相手に会談し、さらに会談場所がまさに東京であったためにこのような状況は隠し通すことはできなかった。またこのような対立状況はベルリンからも感知された。ドイツ駐在青木周蔵公使は七月五日日本国宛の報告において「東アジアでの三国連合は火葬処理だけを残した屍身ぐらいの力しかない」と述べたほどであった[18]。三国干渉直後の攻撃から抜け出すことができる道がまさに日本の前に開かれたのである。

井上馨の閔妃殺害主導と日本閣議の臨時議会不開催決定

ならば、井上はこのような韓国の事態に一体どのように対処したのだろうか。ロシアと即刻対決に突入することができないため、日本が選択できる方法は韓国とロシアとの連結鎖を切断することであった。そしてその方法は日本がいったん低姿勢を見せた六月四日の閣議直後から井上によって模索された。

伊藤は閣議で陸奥の「日英協商案」を否定し、ロシアとの協商の道を開いた。ロシアとの直接衝突を回避するという原則である(19)。したがって、朝鮮問題はいまや閔妃に対する対策を主とするという意味であった。これに対し井上は政府とこの問題を協議するため、六月七日ソウルを出発、六月二〇日、横浜に到着した。そして、閔妃に対する日本の政策決定は、六月二〇日から七月一四日に至る井上の東京滞留二四日間になされた。

まず、井上は、韓国とロシアの連結鎖を切断する方法に関して国際情勢の変化に歩調を合わせることにした。つまり干渉に屈服した直後の孤立状態において、井上は寄贈金で王妃を懐柔する方略を探った。しかし国際情勢が好転し自国の立場が固まると王妃除去に方針を急変させた。国際情勢の変化が、井上に閔妃殺害を決断させ、日本政府を「武断的」方向に追い込んだとも言える。

まず最初に井上は、七月二日、朝鮮に対する財政援助とあわせて日本の要求事項緩和を内容とする意見書（将来の対韓方針）を閣議に提出した。[20] すばやい閣議決定を要求した井上の対韓方針とは、一言で言えば寄贈金という餌で王妃の「引露拒日策」を遮断するという策略であった。

しかし、この方略は国際情勢の変化によって伊藤をはじめとする内閣の考えとは差異が生じ受諾されなかった。世論もやはり同じであったためこの方略は受け入れられる余地はなかった。国際情勢が日本に有利になったという話であった。結局、井上だけがソウルに駐在していた関係で有利になった国際情勢の変化を感知できなかったのであった。

そして、まさにこのような状況下ですでに言及した青木の報告が接受され、翌日七月六日にソウルで朴泳孝《パクヨンヒョ》失脚事件が起きた。[21] これは日本に衝撃を与えた。自身が内相として推薦した朴泳孝の失脚は朝鮮政府からの日本勢力の後退を意味するものであった。

ここで井上は方向を変え、「懐柔」といういわば「文治的」方法では朝鮮問題解決が不可能であるという事実を政府に認識させはじめた。当時の国際情勢はすでに対韓政策の一大転換も可能なほどの状態にあった。七月二日までは井上は自身の進退を明らかにはせず、仮に後任選定の場合には王妃との交際に長けた者を任命するつもりであった。

そして七月一〇日を前後して、彼は突然態度を変えた。自身との政治的性向がまったく違う

「武断的」イメージの三浦を井上自身の後任に推挙したのであった。[22] この推挙こそ日本政府をして閔妃問題解決に「武断的」方法を用いる方向に誘導する井上の決断に他ならなかった。したがって井上は閔妃問題解決に七月二日の穏健案と七月一〇日前後の強硬案の両案を提起した訳であった。自身は後者を好むが、決定は政府当局である閣議が行えという意味であった。

ここで日本の内閣は七月一一日から「文治的」案に対して次のような決定を下した。韓国が以前借りた三〇〇万円に対しては還付期間を二〇年に延長してやり（本来は五年）、これとは別途に朝鮮政府に三〇〇万円を寄贈金として差し出すとした。ただし、これにはまもなく開かれる議会の協賛を受けなければならないという条件を付けた。[23]

井上は、閣議がこの両案中からどの案を選択するかまだ決定を下していない状況下で、東京を離れ仁川に帰任した（七月一四日〜一九日）。そして仁川に到着した井上は、内相野村靖からの電報（一八日一時四五分発）を受けた。「一七日付で、三浦が駐韓公使就任承諾を翻意した」という内容であった。しかし山県と天皇の側近である宮内庁次官田中光顕の懇切な説得でこれは収拾された。

朝鮮に対する独力支配・共同保護国化・日露の分割占領など三つの対韓方針中、政府がまだどれを選択するのかさえ決定できていないことに対して、三浦は反発したのであった。日本政府は韓国に対する野心を残していたが、まだその具体的な実現方法までは決定できなかった。

政府の雰囲気から察して、三浦は朝鮮で自身に押し付けられる悪役を感知したのは明らかであった。しかし、「航海をしようとするならば羅針盤がなければならないのに、それがない」というのが三浦の不平であった。

閣議が三浦を駐韓公使に内定したのは、このわずか三日後の七月二二日であった。これは日本政府の政策がいまや井上が主導する「武断的」方向に絞られたという意味になる。そして、この状況下で伊藤が天皇の再信任を受けた。これによって八月二四日の閣議で臨時議会を開かないことと議決した。(24) これこそ日本政府が王妃に寄贈金を提供する道を元から封鎖した措置であった。すなわち井上が七月一〇日前後に提議したいわば「武断的」方法を政府が採択した最終措置であった。

閔妃殺害事件の意味

再論するが、閔妃殺害は、韓半島をめぐる日露対立内において、日本がロシアの朝鮮浸透を戦争ではない方法で遮断しようとした事件であった。これは朝鮮の独占的支配という自国の国益守護のための一種のあがきであった。したがって、このような国益がかかった重大な決定は、在野の一軍人が受け持つような問題ではなかった。井上とおなじような大物でなければ決して成し遂げることはできなかった。

そして、井上のような「元老」がこれを主導したという事実自体がまさに日本政府が事件に関連したことを意味する。朝鮮問題に関する限り、井上は「専決権」が付与されていたためである。実際、政府は七月五日青木公使から国際情勢好転の報告を受け、次の日、朴泳孝失脚の消息を受け取った。すると井上は七月一一日を期して閔妃除去へと対韓方針を決定した。

そして閣議はこれを受け、七月二二日、その実行責任者として三浦を駐韓公使に内定し、続けて八月二四日、臨時議会不開催決定を議決することで、閔妃懐柔の道を封鎖してしまった。したがって、残りの方法はいまや「除去」しかなくなった。閔妃の「引露拒日策」に対する日本の対応は、井上が主導し日本の閣議がこれに呼応、議決したのであった。

筆者は本稿において事件関連者たちに対する言及は一切省略した。特に王妃殺害過程において犯した彼らの反人倫的な蛮行[25]に対してである。歴史の共有のために日本の読者もかならず知らなければならないと考えたが、筆者はこれをわざと無視した。言及することがかえって故人に対する不敬になると感じたからである。

注

（1）子安宣邦「閔妃問題とは何か」『環』二二号、藤原書店、二〇〇五年。本書第7章。

（2）崔文衡『閔妃は誰に殺されたのか』（彩流社、二〇〇四年二月）の副題を「見えざる日露戦争の序曲」と付けた理由もまさにここにある。

（3）もちろん、一八七三年に失脚した後にも彼は二回執権した事実はある。壬午軍乱時（一八八二年）、清国に利用され三十三日間執権したことがあり、日清戦争時（一八九四年）、日本に利用され四カ月間執権した事実がある。

（4）子安宣邦、前掲論文。本書第7章。

（5）中塚明『蹇蹇録の世界』みすず書房、一九九二年、二一一頁。

（6）外務省日本史資料館日本外交史辞典編纂委員会『日本外交史辞典』大蔵省印刷局、一九七九年、三一六頁。

（7）中塚明、前掲書、二四―二五頁。部分的にはその以前からすでに執筆を始めており、執筆方法も秘書の青山浅治郎に記述させ整理させていた。

（8）中塚明、前掲書、二二―二四頁。

（9）阪崎斌『陸奥宗光』博文館、一八九八年、二八七頁。

（10）G. A. Lensen, sel&ed., *Korea and Manchuria between Russia and Japan, 1895-1904 : The Observations of Sir Ernest Satow : British Minister Plenipotentiary to Japan*（*1859-1900*）*and China*（*1900-1906*）, Florida Diplomatic Press, 1966, pp. 75-76.

（11）*North China Herald*, Nov. 21,1895. このほかにも、アレン駐韓公使がオルニー国務長官に宛てた報告（一〇月一〇日）に「このような恐るべきことが三浦によって計画されたものであるとは信じがたい」とした（National Archives, M-133, R-66, Allen to Olney, No. 156, Seoul, Oct. 10,1895, Despatches from United States Minister to Korea）。また、これに先立ち（九月一七日）、英国領事ヒリアー（Walter C. Hillier）も北京のオコーナー（N. R. OConer）公使に「三浦は最近任地に到着したばかりであるため、彼は自らいかなる見解も持つことはできないし、いかなる行動路線を採択したり提案することを期待することも不可能である」と言及した(Foreign Office,405-VI,Confidential,Hillier to OConer,Inclosure 1 in No.63,Seoul,Sept.17,1895)。

(12)伊藤之雄「元老の形成と変遷に関する若干の考察――後継首相推薦機能を中心として」『史林』第六〇巻第二号、史学研究会、東京、一九七七年。林茂「元老」『世界歴史辞典 三』平凡社、一九六八年。

(13)陸奥宗光著、中塚明校註『新訂 蹇蹇録』岩波書店、一九八三年、一六四頁。

(14)井上馨侯伝記編纂会編『世外井上公伝四』原書房、一九六八年、三九一―三九三頁。

(15)崔文衡『韓国をめぐる帝国主義列強の角逐』知識産業社、ソウル、二〇〇一年二月、一六五頁。

(16)Ian Nish, "Three Power Intervention", *Austra*, Oriental Society of Austria, 1982.

(17)P. B. Remmy Jr., *British Diplomacy in the Far East*, 1892-1898, Ph. D. dissertation, Harvard University, 1964, pp. 100-102. ドイツ外相マーシャル(Marschal)は駐日公使グッドシュミット(Gudschmid)に「このような状況で日本に遼東半島撤収を勧告することはできない」として、「次の訓令があるまで病と称して遼東半島返還協議に参席するべからず」と指示した。*Die Grosse Politik der Europaischen Kabinette 1871-1924*, Vol. IX, p. 280 & p. 303. 借款協定締結が切迫したという報告を受けるや彼は六月一二日グッドシュミットに「……日本が賠償金の一部を受け、その残りに対する最小限の保証を受ける時まで撤軍する必要がないというのが我々の立場である。協商再開時、このような立場を明らかにするように願う」とまで言った。

(18)Remmy, *op. cit.*, pp. 100-101.

(19)信夫清三郎『日本外交史(1)』毎日新聞社、一九七四年、一八八頁。崔文衡、前掲書、一六八頁。

(20) 井上馨伝記編纂会、同上書、四七九―四九一頁。増田知子「日清戦経営」大久保利謙ほか編『日本歴史大系四　近代一』山川出版社、一九八七年、七三五頁。
(21) 柳永益「清日戦争及び三国干渉期井上馨公使の対韓戦略」崔文衡他著『明成皇后弑害事件』民音社、ソウル、一九九二年。
(22) 柳永益、同上論文。
(23) 酒田正敏「日清戦後外交政策の拘束要因」『近代日本研究二』山川出版社、一九八〇年。日本外交文書二八―一、三六八頁。
(24) 酒田、同上論文。増田、前掲論文。
(25) 山辺健太郎『日韓併合小史』岩波書店、一九六五年、一一九頁。中塚明『蹇蹇録の世界』みすず書房、二五五頁。山辺健太郎「閔妃事件について」『こりあ評論』一九六四年五月号。

7 「閔妃問題」とは何か

——角田房子『閔妃暗殺』——

子安宣邦

万劫に忘れ難き恥辱　（『大韓毎日申報』記事）

事件当事者の一人平山などは、あの時閔妃を除いたことでロシアの南下を食いとめ、日露戦争の勝因をつくったと満足そうに語っている。（『九州日日新聞』記事）

「閔妃問題」・遅い接近

この一年ぐらい私は「閔妃問題」をめぐって考えていた。それは角田房子の『閔妃暗殺』という作品を読んだことに始まる。角田のこの作品を古書展で眼にすることがしばしばあった。眼にするごとに気になっていた。しかしなかなか手にする気にはならなかった。その理由は角田房子という作者の名前と扱われている問題にあった。『甘粕大尉』（中央公論社、一九七五年）『一死、大罪を謝す――陸軍大臣阿南惟幾』（新潮社、一九八〇年）といった作品をもつ角田房子という作者に私は違和感をもっていた。私は彼女の作品を手にする気もなかった。新田次郎文学賞を受賞したという『責任　ラバウルの将軍今村均』（新潮社、一九八五年）などを含めて、角田という作家によるこれらの作品のモチベーションを、私はまったく理解することができなかった。人物評伝といった視角から国家と戦争を見てしまう評伝作家という文学者の胡散臭さを、私はつねにそれらの作品名に感じていた。その作家と「閔妃問題」とが結びついた『閔妃暗殺――朝鮮王朝末期の国母』（新潮社、一九八八年）という作品を古書展の棚で眼にするたびに、私は気にしながらも手にとろうとはしなかった。

私が気にしながらこれを手にしなかった理由は、その作者名の外にやはり「閔妃暗殺」という扱われている問題にあった。「閔妃暗殺」という日本近代史における暗部、ことに韓国の運命に深くかかわる暗部に直面することの漠然たる恐れが私にあった。それは「南京事件」という現代史の暗部に直面することの恐れにも連なるものであった。私が南京を直接訪れ、その現場に立とうとする気になったのは、やっと戦後五十年という時期にいたってである。それはほんとうに遅い。しかも私が「閔妃問題」に直面するのにさらに時間を要したのだ。私にこうした近現代史における日本の暗部に直面することを妨げてきた恐れとは、日本人であることの根底を動揺させられることへの恐れであったかもしれない。あるいはアジアとの問題を隠蔽し続ける戦後日本の惰性が、自分をも支配していたというべきかもしれない。

『近代知のアルケオロジー――国家と戦争と知識人[1]』を構成する諸論文を編集者に促されながら書くことで私は日本の近現代史の問題に直面していった。それらを課題として引き受けることを通じて、私は思想的に、また方法論的に転換していった。そして『「アジア」はどう語られてきたか——近代日本のオリエンタリズム』[2]を構成している諸論文を『環』に連載するころから、アジアを自分の問題として考える視点を私はもてるようになった。こうしてはじめて私は『閔妃暗殺』を古書展の棚から取り出し、購入したのである。くりかえしいうが、この問題への私の接近はほんとうに遅い。この遅さ自体が、私における「閔妃問題」だといっていい。

『閔妃暗殺』という作品

私はこうして『閔妃暗殺』を読んだ。この事件の周辺を、事件を構成する人物と歴史とを綿密に取材・調査することの上に書かれたこの作品によって、そしてこの作品を構成する作者の語りを通して、たしかに私は「閔妃暗殺」という事件を、その細部を含めて知った。その細部とは、たとえば閔妃が使っていた真珠の粉の化粧料についての追跡調査にまで及ぶのである。恐らくこれは評伝作家である角田房子の作品に不可欠な細部であるだろう。この細部の叙述を担保にして、作品の信憑性が確保されているのである。たしかに角田はよく細部にいたるまで調べ、「閔妃暗殺」という歴史の暗部として伏せられ続けていた問題を『閔妃暗殺』という作品として世に示した。

私自身がこの書を手にしたのは新しいことではあるが、『閔妃暗殺』が一九八八年の発行とともに反響を呼び、多くの読者をえたことは、これが直ちに新潮学芸賞を受賞したことによって、またその新潮文庫版が十五刷（二〇〇四年六月）を数えていることによっても知れる。そして韓国でも一定の評価をえていることは、その韓国語訳が出されていることによっていえるだろう。だがこの作品の多くの読者は、『閔妃暗殺』という作品を読み、閔妃という女性像を、その使用する化粧料の細部にいたるまで思い描くことができても、しかし「閔妃暗殺」という歴史問題を認識したわけではないのである。『閔妃暗殺』とは評伝作家による作品なのだ。一種の歴史小説なのである。

私も『閔妃暗殺』を読むことによって、たしかに「閔妃暗殺」という事件を、その事件当日における関係者の行動の細部にいたるまで知ることができた。だがそれで私は「閔妃問題」とは何かを認識したか。わかったのは「閔妃暗殺」という事件とそれにかかわった人物たちについてで、「閔妃問題」がわかったわけでは少しもない。角田のこの作品を読んでから私は「閔妃暗殺」をむしろ問題としてもつことになったのである。私が冒頭にこの一年来「閔妃問題」を考えていたと書いたのはそのゆえである。

韓国の「閔妃問題」とは日本人の評伝作家が、「遺憾の念」を最後にはもつにいたったというその作家が、韓国における取材旅行や資料調査、そして文学者の想像力とを頼りに書いてしまった「閔妃問題」とは違うのではないか。私がそうした疑念をもつようになったそのころ、韓国の歴史家崔文衡《チェムンヒョン》氏に私は出会うことになったのである。

日露戦争とは何か

二〇〇五年の一月、藤原書店創立十五周年を記念するシンポジウム「いま、日本外交はどうあるべきか」が開催された。そこで崔文衡氏の特別講演があることを知った。そのとき私はまだ氏の著書『日露戦争の世界史』（藤原書店、二〇〇四年）を読んでいなかった。だがそのシンポの案内などで氏の日露戦争観に強く引きつけられるものを私は感じた。私がある問題関心をいだき、それを追いかけ、考え続けているとき、その問題解明にとって決定的だと思われる人や本にほとんど突然に出会い、これだと思うことがしばしばある。崔文衡氏との出会いもまったくそうだった。

崔氏の講演を聞き、また会場で直接お話しする機会をもえて、私は自分の直感の間違いのないことを確認した。なぜか私は直ぐに友人のような近さを氏に感じた。私は氏の著書『日露戦争の世界史』と『閔妃は誰に殺されたか――見えざる日露戦争の序曲』（彩流社、二〇〇四年）を直ちに購入して読んだ。崔氏の日露戦争についての見方は、日本人の死角を衝くような性格をもっている。日露戦争にいたる日本とロシアとの国家間交渉は、そこに当然のこととして清国が介在し、そして背後に英米仏独という諸列強が軍事的にも強い影響力をもって存在するという国際的関係における緊迫した外交的な駆け引きの過程であった。この外交的な駆け引きにあって、取り引き材料になったのが韓国であり、韓国の支配権であったのである。日露戦争とは日本人にとって満洲の支配権をめぐる、あるいはその権益の配分をめぐるロシアとの争いと理解され、この戦争の勝利によってロシアの南下を押しとどめた日本の功績がいわれたりする。この日本人による日露戦争についての見方には韓国は存在しない。朝鮮半島は日本の日露戦争の遂行にとって軍事的通路のごとくみなされていた。そのかぎり、朝鮮半島がもつ戦略上の意義を日本軍の指導部は十分に認識していたのである。この認識には対露戦遂行のための軍事的要衝としての朝鮮半島は存在しても、韓国は存在していない。それは当時の日本軍部の認識においてばかりではなく、日露戦争後百年の現在、その戦争を記述する日本の歴史家・研究者にも存在しない。[3] 日露戦争において韓国は日本人にとって存在していない、この日本人の視角における盲点を痛烈に指摘するのが崔氏の『日露戦争の世界史』であるのだ。

崔氏のこの書の韓国版の原題は『国際関係から見た日露戦争と日本の韓国併合』である。『日露戦争の世界史』という日本語版のタイトルを、後にソウルでお会いしたとき氏はしきりに気にしていた。この日本語版の書名によってはこの本に託した著者の意図が伝わらないという憾みを氏は感じているのかもしれない。日本語版の「序文」で氏はこう書いている。「韓国は日露戦争開戦と同時に戦場となり、終戦と同時に日本の支配に帰せられた。日露戦争とは、日清戦争を通じて植民地化の危機に追いつめられていた韓国を、ついに日本の支配下に帰せしめた戦争であった」と。日露戦争がもたらす歴史的な帰結とは日本による韓国の併合なのである。その帰結を日本の歴史家たちもたどり、年表上に記しながらも、しかし日露戦争史の記述に朝鮮半島は存在しても、韓国は欠落するのである。だから崔氏は「序文」の上の言葉に付け加えて、「これは厳然とした歴史事実だが、日本の学界では一般にこの部分が、なぜか研究領域からはずされているように見受けられる」というのである。

『日露戦争の世界史』とは、「韓国・満州をつつみこんだアジアの戦争であり、欧米列強が介在し、帝国主義国間の利害が直接、かつ複雑に絡み合った、一つの世界大戦であった」(「序文」)日露戦争を、その結末を国家の従属的併合という悲劇として迎えざるをえなかった韓国という視点を基底にして記述した最初の世界大戦史である。

「日露戦争史」の年表

日露戦争を韓国からの視点で見ることとは、日露戦争を次のような年表として構成して見ることである。

一八九五年一〇月　日本、閔王妃を殺害（乙未事変）。
一八九六年二月　高宗、ロシア公使館に移る（俄館播遷）。
一八九七年三月　日本政府、高宗に山県―ロバノフ議定書の秘密条項を通告。
一八九七年一二月　ロシア、旅順、大連占領。
一八九八年三月　日本、ロシアに韓国と満洲を各自の勢力圏にしようとの満韓交換論を提議。
一九〇〇年七月　日本、京仁鉄道竣工。
一九〇一年三月　日ロ間に満洲問題をめぐって戦争危機、四月まで続く。
一九〇二年四月　露清満洲撤兵協定。
一九〇三年四月　ロシア、満洲撤兵を見合わせ、対清七ヶ条要求（清国、全面拒否）。
一九〇三年六月　日本、対露問題に関する御前会議（日露開戦のための最終方針決定）。
一九〇四年二月　日本軍ソウル進入。日本、ロシアに公式に宣戦。日本、日韓議定書を強要。
一九〇四年八月　日本、韓国に第一次日韓協約を強圧。
一九〇四年一〇月　ロシア第二太平洋艦隊（バルチック艦隊）リバウ港出港。
一九〇五年一月　日本軍、旅順占領。東郷、全艦船の大韓海峡集結命令。
一九〇五年一月　日本政府、独島の日本領土編入を閣議決定。

一九〇五年二月　島根県告示で独島を併合。
一九〇五年五月　対馬沖海戦（日本海海戦）。
一九〇五年八月　ポーツマス講和会議。
一九〇五年一一月　第二次日韓協約（乙巳保護条約）。
一九〇五年一二月　日本、韓国総督府を設置。初代統監に伊藤博文を任命。
一九〇七年二月　ロシア、日本に協商を提議。
一九〇七年四月　高宗、ハーグ平和会議に密使を派遣。
一九〇七年七月　高宗、伊藤の強圧で退位決定。
一九〇九年九月　日本政府、韓国合併に関する件を閣議決定。
一九一〇年八月　韓国併合に関する日韓条約調印(4)。

実はここに掲げた年表を私は日露戦争史のために作ったのではない。「独島問題」を考えるために作ったのである。この五月の連休を利用して私は独島（竹島）など韓国をめぐる問題を考えるためにソウルにいった。そのソウルで私は崔氏とも会った。氏に「閔妃暗殺」という事件をめぐる現場を案内して頂きながら、氏の著書や日露戦争をめぐって、またこの著書にいたる氏の研究生活などをめぐって多くの貴重な話を私はうかがうことができた。五月の晴れた日のほぼ一日にわたる氏との交流を含むソウルでの滞在は、私に独島（竹島）は韓国にとって「独島問題」としてあること、「独島問題」の年表とは日露戦争史の年表にほかならないこと、そしてその年表とは「閔妃暗殺」事件に始まり、日本による「独島領有化」を間にはさみながら「韓国併合」にいたるものであることを教えたのである。帰国して直ぐに私は藤原書店の会で「独島問題」をめぐる報告をするにあたって上の年表を作成したのである。

この年表は「閔妃暗殺」も「独島問題」も日露戦争史の重要な一項にほかならないことを教えている。だが日本における「竹島問題」年表は日露戦争史を構成することなく、明治三十八（一九〇五）年だけが歴史的文脈から切り離され、それだけで存在するのである。「竹島問題」とは日本においてただ「領土問題」である。だが「独島問題」とは韓国にとってただ「領土問題」としてあるのではない。それはまず「歴史問題」なのである。「閔妃暗殺」が「万劫に忘れ難き恥辱」としての歴史的、民族的問題であるように、「独島問題」もまた忘れがたい歴史的、民族的問題なのである。このことは日本と韓国との間に同一の「領土問題」があるのではないことを意味している。韓国にとって「独島問題」があり、日本にとって「竹島問題」があるのである。それは「閔妃問題」についても同様であるはずである。韓国にとっては万劫に忘れ難い「閔妃問題」があり、日本にとっては教科書にもほとんど記述されない「閔妃問題」がある、いや「閔妃問題」がないのである。日露戦争も、韓国にとっては自国の存立の否認をもたらした「日露戦争」があり、日本にとっては自国を欧米列強に伍しうる大国たらしめた「日露戦争」があるのである。日本人にとって必要な歴史認識とはこの距たりをまず知ることだ。

韓国からの視点

『日露戦争の世界史』が韓国からの視点を基盤にしているということは、たとえばこういうことである。日本はポーツマス講和会議後、第二次日韓協約すなわち乙巳保護条約によって韓国の保護国化の仕上げをしていった。アメリカはフィリピン領有の日本による保障と引き替えに、日本による韓国の保護国化を認めるという秘密協定を結んだ。一九〇五年十一月の乙巳保護条約の成立とともにアメリカは直ちにソウルの駐韓公使館を撤収した。『日露戦争の世界史』はこの過程をのべながら、韓国で長期にわたって教育事業に献身してきたアメリカ人ハルバートの、「事態が悪化するや、アメリカは真っ先に韓国を棄てた。それも別れの挨拶すらなく、最も侮辱的な方法で」と痛嘆したという言葉を引いている。アメリカは撤収した。「それからは、韓国と交流した全ての国が後を追うようにこの地を離れた。結局、アメリカが率先して韓半島を日本に与えたことになった。こうして韓半島には日本だけが残ったのである。」

崔氏の『日露戦争の世界史』が韓国からの視点を基盤にしているということは、われわれがこうした記述を同書に読みうることだ。これは日本人研究者による日露戦争史に見出すことの決してない記述である。崔氏はアメリカと日本との秘密協定について、「両国は東アジアでの勢力分割のために帝国主義協定を結んだのである」といっている。それだけではない、日露戦争前後における日本とロシアとそしてアメリカ・イギリスなど諸列強国間の公然あるいは非公然の外交交渉や取り引きは、帝国主義諸国の角逐そのものである。『日露戦争の世界史』は、まさしく世界史としてこの帝国主義的諸列強間の角逐を詳細に追うのである。だが『日露戦争の世界史』が日本人研究者によるものでなく、またロシアの歴史家によるものではなく、韓国の崔文衡氏によるものであることを証すのは、それが綴る諸列強間の外交的取り引きをめぐる一行一行に、その列強の取り引き材料となる韓国の悲運が込められていることによってである。

われわれがこの『日露戦争の世界史』に読まなければならないのはそのことである。諸列強間の交渉を通じて翻弄され、踏みにじられていった韓国の運命である。日露戦争史とは、「閔妃暗殺」に始まり「韓国併合」にいたる韓国の悲運の歴史であることを読むことである。それがわれわれにとっての歴史認識の課題である。

「閔妃問題」は日本に存在したか

韓国にとって「閔妃暗殺」事件とは日露戦争史年表の冒頭に置かれるような事件である。「韓国併合」という自国の日本による植民地化を導いた日露戦争史という恥辱の歴史過程は「閔妃暗殺」から始まるのである。もちろん私は日露戦争の歴史的な起因を求めていっているのではない。「閔妃暗殺」から始まると私が書けば、すぐに私には、歴史を読むことのできない、あるいは読もうとしない日本の職業的な歴史家たちの抗議の声が聞こえてくる。私は日露戦争史を「閔妃暗殺」事件を始めに置いて読むことの重要さをいっているのである。それは日本からの日露戦争史という歴史認識がもつ死角を意識化させるためである。すでにのべたように日本からの日露戦争史には、朝鮮半島は存在しても韓国は存在しない。その日露戦争史年表は「閔妃暗殺」を始めに置くようなものでは決してない。

「閔妃問題」は日本に存在したかと問われるならば、それは存在しなかったと答えるのが正しいだろう。閔妃殺害事件後の広島で行われた軍法会議も裁判も、殺害に関わった三浦梧楼公使をはじめとする軍人や民間人の全員を無罪ないし免訴にしたことに示されているように、日本は「閔妃暗殺」を日本の問題としては抹殺したのである。だから「閔妃問題」は日本には存在しなかったのであり、なお存在していないのである。「閔妃問題」は日本近代史の暗部に隠されたまま戦後にいたったということができる。だから一九八四（昭和五十九）年当時、「閔妃暗殺」事件に関心をもち資料を収集し始めた角田房子がこの事件を、「《王家の世継ぎをめぐるお家騒動で、閔妃は日本が望まない王子を立てようとしたため殺されたのであろうか》という程度の想像をしていた」と書いたとしても不思議ではない。しかし資料を読み進める角田は、やがてこの事件が「お家騒動」などとはまったくスケールが違うことを知ることになるのである。

だが閔妃事件を当初朝鮮王家の「お家騒動」程度に考えていた日本の評伝作家角田房子によって、現代日本に「閔妃暗殺」事件をそこに登場する人物たちとともにその細部にわたる全経過を知らせるという功績をになった作品『閔妃暗殺』は書かれたのである。そのことはこの程度の知識をもっていた角田によってなぜ『閔妃暗殺』は書かれたのか、その動機は何かを私に考えさせる。同時にその角田の作品『閔妃暗殺』が日本人に伝えたものは何かをあらためて考えさせる。角田において、この作品執筆の前にも後にもはたして「閔妃問題」は存在したのか。

なぜ『閔妃暗殺』か

『閔妃暗殺』の作者角田房子にとって、ほとんどの日本人と同様に「閔妃問題」は存在していなかった。彼女に閔妃殺害事件を教えたのはかつての駐韓大使であった後宮虎郎《うしろくとらお》であったという。対日関係で事あるごとに韓国ではつねに閔妃暗殺事件が人びとによって思い起こされるということを、後宮が彼女に語ったというのである。日本人にとっては存在しない問題が、韓国においては自国の運命とともに記憶され、つねに想起される問題としてである。それが「閔妃問題」である。日韓の歴史認識における断層そのものとして「閔妃問題」はあることを後宮は語ったのだ。角田が閔妃とその暗殺事件に関心をもち始めたのはそれからだという。その関心はやがて彼女における『閔妃暗殺』の執筆動機を構成していく。だが『閔妃暗殺』という作品の彼女における執筆動機をなすのは「閔妃問題」であったのか。すなわち日韓の歴史認識における断層そのものであるような「閔妃問題」であったのか。韓国の人びとが日本の「国家犯罪」とみなし続け、他方日本では近代史の暗部に隠し込んでしまった問題、すなわち「閔妃問題」であったのか。

　閔妃暗殺事件をめぐる資料を読み始めた当初、角田はこの事件を朝鮮王家の「お家騒動」にからんだ事件程度にしか思っていなかったことを、もう一度彼女自身の言葉によって見ておこう。角田はこの事件について、「《王家の世継ぎをめぐるお家騒動で、閔妃は日本が望まない王子を立てようとしたため殺されたのであろうか》という程度の想像を」しかしていなかったといっているのである。角田のこの正直な述懐からすれば、『閔妃暗殺』の執筆動機にはあの日韓の断層のうちにある「閔妃問題」など存在していなかったのである。では何が彼女に『閔妃暗殺』を書かせたのか。それは角田房子という評伝作家としての動機である。あるいは閔妃という存在が評伝作家角田の執筆の有力な動機をなしているといってもよい。さきに引いた言葉に続けて角田は、資料を通じて浮かび上がる閔妃という女性をめぐって、「私の常識で勝手に設けていた〝一八〇〇年代の東洋の女性〟というワクはとり払わねばならない。とてもそのワクに納まる女性ではないらしい」といったりしている。閔妃という存在が、この作家の関心の大きな部分を占めているのだ。閔妃という存在が、『閔妃暗殺』という作品の主題であり、執筆の動機をもなしているのである。

閔妃という存在が、『閔妃暗殺』執筆の動機をなしているのは評伝作家として当然のことだというかもしれない。だが、閔妃がこの作品の動機だということで私がいいたいのは次のことだ。『閔妃暗殺』という作品は、閔妃事件を構成する人物たちを含めて事件の経過をその細部にいたるまで伝えても、「閔妃問題」をわれわれに伝えることはないということである。「閔妃問題」は『閔妃暗殺』の執筆動機としても存在していなかったし、その作品が発するメッセージとしても存在していない。むしろ「閔妃問題」は、この作品読後の懐疑から生ずるといっていい。

「国士」という実行者の評伝

　国家犯罪あるいは国家的レベルでの暗殺を含む犯罪行為がいつも歴史や社会に露呈させるのは、実行者たちを通してである。あるいは歴史の表には実行者たちだけが存在しているといっていい。それは犯罪だけではない。国家のことに対外的戦略にかかわる意志と計画の策定は国家機密として厚い壁の彼方にある。それは外交の実行者たちによって、戦争の実行者たちによって、あるいは謀略の実行者たちによってはじめて歴史の表に現れるのである。国家機密に属する意志も、ただ人間を通して実行される。国家意志が歴史のなかに露呈してくるのは人間を通してである。だから、この歴史のなかに露呈してきた人間への関心を主要動機として評伝作家が、国家犯罪に属する事件を作品化することにもなるのである。だが、この人間への関心に動機付けられた作品は、作者がどれほど取材努力をしようとも人物の周辺をより細密に叙述する以上のものではないのだ。

　ところで国家機密を背景にした実行者たち、あるいは国家機密といわないまでも何らか国家に発する意志や命令を帯する実践者たちは「国士」の相貌を帯びた人びとである。国士を称するもののなかには、ほんとうに国家の命を帯したものもいれば、勝手に国家を背負ってしまったものもいる。いずれにしろ国士とは一人の人間には重すぎる国家という課題を負いながら、生真面目に、自己犠牲の倫理観をもって生き死にしようとする人間たちである。それは近代日本という天皇制国家が生み出した国家主義的な自己犠牲を厭わない実行者たちである。近代日本の国家的事件に点在するのもこうした国士という名の実行者、あるいはテロリストたちである。そして角田房子という評伝作家が共感し、好んで描くのもこうした実行者たちであるのだ。

大杉栄・伊藤野枝夫妻と甥の少年を扼殺した事件の罪を一身に負って十年の刑に服しながら、しかし僅か三年で出獄し、後に満洲建国の背後にあり表にもあった元憲兵大尉甘粕正彦の評伝『甘粕大尉』とは、角田房子という評伝作家の関心と意欲とをもっともよく示した作品だろう。近代日本の暗部を露呈させた関東大震災時の不法虐殺事件、すなわち亀戸事件・朝鮮人虐殺事件とならぶ甘粕事件を、そして満洲建国という軍部ファシズム国家日本の野望とその実現とを、角田房子という作家はその中心的実行者である人物の評伝として書いてしまうのである。獄中にあった甘粕は日記を書いていた。出獄後、陸軍中枢の手配でフランスに渡った甘粕はその地で、獄中日記を「獄中に於ける予の感想」と題して発行した。その内容を伝えながら角田はこう書いている。

「天皇や国家に対してはもとより、甘粕は個人の愛情や結婚などについて述べる時も、〃犠牲〟という心情、行為を最も美しく尊いものと評価している。『……ホントの愛は最も高い犠牲的精神の上に立つ……』など、〟犠牲〟という文字が随所に見られる。」

こうした共感の筆をもってした甘粕の評伝として、甘粕事件という憲兵隊的軍部犯罪史が書かれ、満洲建国という帝国の軍事的国家犯罪史が書かれるのである。いや、正しくいえば書かれないのだ。天皇や国家を背負った甘粕という人物の評伝の中にすべては解消されてしまうのである。『甘粕大尉』という作品は評伝作家という名をもった作者の倨傲と欺瞞とをもっともよく示しているといっていい。倨傲とは、人物評伝として日本帝国と等身大の国家犯罪史を書いてしまう無恥の傲慢さであり、欺瞞とはその人物評伝によって国家犯罪史を背景化し、自己犠牲的国士の評伝的叙述によって彼が背負う国家の犯罪をあたかも免罪させるからである。

角田は、日本を脱した甘粕が無為の灰色の日々を送ったフランスのルアンの地に立って、甘粕の感慨を実感しようとする。「灰色の街」ルアンの狐《ルナール》通りの一角に立って角田は、「甘粕がこのもの悲しい狐通りのはずれの陰気な一室に、一年も住み続けたという事実は、私にはやはり異常と思われた」と書くのである。このルアンにおける甘粕の追体験は彼女に、「この陰惨な時期が飛躍台となって」、やがて「満洲の甘粕」への飛躍がもたらされたことを実感させるのである。だがなぜかくもこの評伝的追跡は詳細なのか。この評伝作家による詳細綿密な取材とは、描き込まれた人物周辺の詳細さを担保にして、その人物によって語らせてしまう歴史の信憑性を得ようとする作者の欺瞞の手立てだと私には思われるのだ。

奇妙な「プロローグ」

作品『閔妃暗殺』は奇妙な「プロローグ——池上本門寺の墓地にて」をもっている。作者角田房子がこの作品にとりかかる前、一九八四年六月、通りがかった池上本門寺の寺内の墓地で「東光岡本柳之助墓」に出会ったことをそこで語っている。同行の人から角田は、岡本柳之助とは明治十一年に起きた近衛兵の騒動「竹橋事件」の首謀者の一人であることを知らされる。同時にその岡本が、「閔妃を殺すため王宮になだれこんだ日本人の一人、というより、その指揮をとった人物だ」そうだとも教えられる。角田は驚く。閔妃暗殺事件への関心をもちながら、まだ事件は濃い霧に包まれておぼろであったその時、「王妃殺しの犯人の一人が、突然一基の墓という形で霧の中から姿を現わし、姓名を明示して、対決を挑むように」角田の前に立ったのである。

角田は早速、竹橋事件と岡本柳之助を調べていく。岡本が紀州藩出身の才能ある軍人であり、同じく和歌山出身で明治政府の大官となった唯一の人物陸奥宗光から早くから目にかけられていたこと、そしてその岡本が竹橋事件によって、「奪官、終身文武大小の員に補するを禁ず」るという宣告を受けたことを明らかにする。「この宣告は、国事に奔走することを生甲斐とする岡本にとって、大打撃であったろう」と角田は記すのである。そして最後に角田は、竹橋事件によって、〝浪人〟となった岡本柳之介のその後の足跡は、日韓関係の資料の中でさぐることにして、私はようやく閔妃を調べ始めた」と書いて、この「プロローグ」を閉じるのである。

これは『閔妃暗殺』の「プロローグ」としては奇妙である。それは何を意味するのか。暗殺者の側に属する人物の墓との出会いから始まる物語とは、『閔妃暗殺』が暗殺者の側から語られる物語であることを意味するのか。この「プロローグ」は、閔妃暗殺事件への評伝作家角田の視点と手法とを暗々裏に教えてしまっているのではないか。他国の王妃を暗殺するという国家的犯罪を、ここでも評伝作家角田は「国事に奔走する」岡本という人物を作品構成の軸に据えながら書こうとしたのではないか。さらに考えれば、国家機密にかかわる位置にいる外相陸奥宗光と、その計画の実行者に岡本を置くという事件の人間的配置は、執筆のかなり早い時期から角田には存在したのではなかったか。この奇妙な「プロローグ」は、これを始めに置く『閔妃暗殺』の構成と手法をめぐるさまざまな問題を示唆するのである。要するに、「甘粕事件」「満洲建国」を国士甘粕正彦の評伝として書いてしまった角田の手口が、「閔妃暗殺」についても用いられようとしたのではなかったのか。

だが閔妃をめぐる取材や資料調査を続けていく過程で、角田は閔妃その人への関心を急速に増大させていったようだ。『閔妃暗殺』は、その増大する関心にしたがう評伝作家角田の詳細綿密な取材・調査と、作家としての角田の力量からなる歴史評伝的作品として成立した。たしかに『閔妃暗殺』は、朝鮮王廷史における閔妃の存在とその人物を、また日本と韓国、そしてロシア・清国との輻輳し、紛糾する国際関係から日本人によって閔妃殺害事件が引きおこされる由来と事件の詳細とを読者に、評伝作家としての角田の筆力をもって教えていく。だが『閔妃暗殺』は、閔妃の人物と殺害事件の詳細とを語っても、日韓間に、日露戦争と韓国併合の前史として起こった「閔妃暗殺」事件を角田は語ったのか。「閔妃問題」とは日韓間におけるそのような問題としてあるとすれば、むしろ『閔妃暗殺』は「閔妃問題」を奇妙な犯人探しの中に解消させてしまったといっていい。「閔妃暗殺」事件はこの作品によって処理されたのである。だが『閔妃暗殺』における事件のこの処理から、むしろ私たちが問わねばならない「閔妃問題」は始まるというべきだろう。

『閔妃暗殺』における事件の処理

日本は事件後、広島における軍法会議と裁判によって暗殺事件の計画と実行にかかわった軍人と国士的民間人全員を無罪・免責とした。かくて「閔妃暗殺」事件は日本近代史の暗部に隠されたのである。角田の『閔妃暗殺』は、では事件後の処理をどのようにしたのか。彼女は、「こうして、日本の勢力挽回の突破口と信じる閔妃暗殺は、ますます強い使命感となって三浦を制した」といった文章を記しながら、日本国公使三浦梧楼を閔妃暗殺計画の中心人物として描いていく。だがその三浦の背後にある「国家意志」というべき政治的指示の存在をめぐって角田は、「証拠と呼べるだけの裏づけはない。要するに『想像の域を出ない』と言うほかはないだろう」と否定する。こうして角田は、「資料に基づく限り、閔妃暗殺は三浦梧楼の犯罪である」とし、「当時の日本の政治的状況と日清戦争直後の国力、軍事力から判断して、政府が閔妃暗殺に直接関係していたとは考えられない」というのである。これが角田が『閔妃暗殺』という作品によって「閔妃暗殺」事件を処理した仕方である。角田は己れの作品を通して、広島の軍法会議や裁判がしたと同様に、処理したのである。だが角田の作品はその構成なりプロットからくる事件処理の補足をもっている。それは陸奥宗光と岡本柳之助という人間関係からくる補足である。

奇妙な「プロローグ」が示した陸奥と岡本という人間関係は、角田に閔妃事件の処理後の補足を書かせることになる。陸奥と岡本という人間関係において「閔妃暗殺」は予知されていたという想像を角田は捨てきれないのである。角田は何度も陸奥における「閔妃暗殺」の是認を想像しながら、しかし最終的に彼女は、「しかし、どれほど自由に想像の翼を広げても、陸奥宗光が、また伊藤博文が、閔妃暗殺を企てたとは考えられない。閔妃暗殺事件と日本政府との直接の関係はない」と書いてこの物語を閉じている。

『閔妃暗殺』は広島の裁判よりもはるかに重大な裁定を下したのである。この事件に関して日本政府は無罪であるという裁定を。この裁定を下した作品に日本の出版社は文学賞を贈り、大江志乃夫という歴史家は「鮮烈な感銘をおぼえた。この労作をつうじて、私は角田さんの一読者からファンに変わった[5]」とこの作品の「解説」に書くのである。

注

（1）『近代知のアルケオロジー——国家と戦争と知識人』（岩波書店、一九九六年）に収載されている論文や文章は、戦後五十年といわれる時期に私は書いた。なお同書は『日本近代思想批判——一国知の成立』（岩波現代文庫）として増補再版されている。

（2）『「アジア」はどう語られてきたか』（藤原書店、二〇〇三年）所載の論文は、『環』（藤原書店）に二〇〇〇年から二〇〇三年にかけて掲載されたものである。

（3）日露戦後百年の出版をうたう横手慎二の『日露戦争史——20世紀最初の大国間戦争』（中公新書、二〇〇五年）で、「戦争の地理学」という章を設け、その「朝鮮半島」の項を「明治期の日本の戦争を考えるとき、地理の問題としてまず浮かび上がるのが朝鮮半島である。日本の軍指導部は、この半島が日本にとって戦略上の要衝であることを非常に明瞭に理解していた」と書き始めている。

（4）この年表の作成は、『日露戦争の世界史』付載の「関連年表」によっている。

（5）『閔妃暗殺』（新潮文庫、一九九三年）の「解説」（大江志乃夫）。

8

日露戦争と日本の独島（竹島）占取

崔文衡

訳＝金成浩《キムソンホ》

日本の独島編入の事実経過を究明する

独島《トクド》（竹島）領有権をめぐる韓日両国間の論争は、日本の閣議の独島（竹島）編入議決の正当性問題と告示手続きの合法性問題に集約されつつある。日本は、中井養三郎が独島（竹島）において漁労作業を着手した事実だけを根拠に、「無主地先占」理論を適用、閣議において領土編入を議決した。そして、この事実を新聞に掲載したという事実を掲げて併合に必要な国際法上のすべての手続きを踏んだと主張している。

これに反して、韓国側はまずこの島が無主地であったという前提自体が間違いであって、自分たちだけでの手続きを経たと言っても、それだけで自国の領土となるのではないと反駁した。そして、公開方法も島根県管内告示で処理しただけで決して公開的でなかったと指摘している。これについては、堀和生氏や梶村秀樹氏ら日本人学者達も見解を同じにしている。(1)

それでも、両国の領有権主張は今日までも論争の限界を脱し切れないでいる。際限ない論争だけを繰り返している実情である。このような状況において島根大学の内藤正中名誉教授の「竹島は日本固有領土か」（『世界』二〇〇五年六月号、岩波書店）という論文(2)は、我々の注目を引くものだった。歴史の共有を必要とする今日の現実において、大きな進展であった。

さて、筆者のこの論稿は論争を繰り広げるための理論提起ではない。論争の範疇から出て、具体的な歴史的事実を挙げて問題に接近するという試みである。すなわち、日本の独島（竹島）編入がカイロ宣言の規定――日本は、暴力及び強欲により略取したる他の一切の地域より駆逐せらるべし――に抵触することを具体的史実に照らし合わせて立証するという方法である。日露戦争が満洲と韓国を争奪対象とした対決であった以上、この戦争と関連した措置には、必然的に「暴力」と「強欲」が随伴せざるをえない。もちろん、日本の独島（竹島）占取が日露戦争と関連していたという話は、すでに多くの研究者たちによって話されている常識である。しかし、いざ各論に入ると、どのような歴史的事実を通して、どのような関連があったのか、具体的に明らかにした詳細な研究は、寡聞にして、筆者はいまだ探すことができない。

一言で言えば、島根県告示は、当時の東海《トンヘ》（日本海）の緊迫した状況とバルチック艦隊の東航速度に応じる海軍の対策を補助するための内閣の支援措置であった。これに筆者は鬱陵島《ウルルンド》と独島（竹島）が同一作戦圏内であることを勘案し、先にロシアから鬱陵島使用権を奪取するための日本外務省の外交工作を探った。そして、これがどのように独島（竹島）占取とつながったのかを段階的に追跡した。バルチック艦隊の東航速度に応じる海軍側の段階的な対応策を日本内閣が果たしてどのような方法で支援したのだろうか。この支援がどのような過程を経て島根県告示としてつながったのかを究明する作業がこの論文の根幹である。

同一作戦圏としての鬱陵島と独島(竹島)

独島(竹島)を自国領土として「編入」した島根県告示(一九〇五年二月二二日)は、日本の鬱陵島使用権奪取工作(一九〇四年五月一八日)とともに、日露海戦に備えるための戦略の一環であった。彼らの独島(竹島)占取がカイロ宣言の規定に抵触するという根拠もまさにここにある。独島(竹島)は鬱陵島とともにバルチック艦隊の東航に応じる日露戦争の終決地点であった。

ロシア第二太平洋艦隊司令官ロジュストベンスキー(Rozhdestvensky)中将が意識を失ったまま捕虜として捕まえられた所が鬱陵島付近で、[3] 彼の代身として艦隊の指揮権を掌握したネボガトフ(Nebogatov)少将が、残った全ての主力艦を率いて日本に投降した所もまさに独島(竹島)東南方一八マイル地点であった。[4] ふたつの島は「海戦」の終決地点であっただけでなく、事実上「戦争」の終決地点でもあった。

しかし、これは決して偶然ではなかった。日本海軍の緻密な作戦計画の結果であった。鬱陵島と独島(竹島)は同一作戦圏に属した。独島(竹島)は鬱陵島から九二キロしかない可視距離に位置する。[5] 筆者も晴れたある日の午後に聖人峰に登り肉眼で独島(竹島)を見た経験がある。

対馬島戦闘(一九〇五年五月二七日)が終わり、東郷平八郎提督が、現場整理のために一部の兵力だけを残して、全艦船を次の日明け方五時までに鬱陵島に集結させたこともこの事実を前提とした措置であった。[6]

そしてこの措置の正確性は、その日（二八日）五時二〇分頃すぐさま現実として実証された。独島（竹島）近海においてロシア艦船の噴煙を発見し、即刻、そちらに出動した日本軍は、ネボガドフ配下の全艦隊を包囲、投降させた。これは独島（竹島）が鬱陵島とともに日露戦争遂行のための戦略基地として利用されたという証拠である。

日本外交陣の鬱陵島奪取工作

日本の鬱陵島使用権奪取工作は、一九〇四年五月一五日前後に起こった突然の海軍戦力喪失への対応措置であった。日本の旅順艦隊が一カ月前から同じような方法で封鎖作戦を継続するや、これに着眼したアムール号艦長イバノフ（Nicolai A. Ivanov）大佐が、航路に魚雷を設置することで、[7]日本海軍は最新鋭戦艦「初瀬」（一五〇〇〇t）と「八島」（一二五〇〇t）を同時に失くした。それればかりか、これより七時間前に濃霧により、巡洋艦「吉野」と「春日」が衝突、さらに砲艦「大島」と「赤城」までもが事故を起こした。すなわち、六隻の保有戦艦中二隻を含む海軍戦力の三分の一（総三四三二五t）を数日間でまとめて失くしてしまったのであった。[8]

この事態に対して寺内正毅は、五月一八日付の自身の日記で以下のように記述している。「午後三時三〇分から大本営会議が開かれた。……過日一五日、旅順湾（惨事）に対する海軍側の報告を聞いた。開戦以来このような不幸に遭遇したことはない。願わくば、このような不幸が再来しないことを願[9]」とした。事態の深刻さを明確に示す一節である。

したがって日本としては喪失戦力の補充が何よりも時を急ぐものであった。しかし、時間的に見て、その補充方法として基地確保と望楼建設以外には道がなかった。ここで、ロシアの東海（日本海）縦断を遮断することのできる戦略基地として鬱陵島と独島（竹島）の使用が切実となったのである。[10] そしてまず鬱陵島使用問題に関して、日本は、自国陸軍の満洲北進に障害となるとしてロシアの鴨緑江森林伐採権[11]を接収しようとしていた林権助駐韓公使の外交工作に、この問題を挟み込むことで解決の糸口を探ろうとした。

これは日本の駐韓公使と外相が交わした報告と訓令から明らかである。すなわち、林公使の五月一三日付報告は、「昨日（五月一二日）韓国外相（李夏永《イハヨン》）に対してロシアとすでに結んだすべての条約を廃棄せよと圧力をかけることで同意を取り付け、この事実を五月一八日付韓国官報号外に勅宣書誓形式で発表することにした」という内容であった。[12] これは外相が五月九日付で林に下達した以下の内容の訓令を蹉跌なく履行したという報告であった。

「露韓両国間に成立した一切の条約および約束は廃棄されるべきであり、豆満江・鴨緑江岸森林伐採権は本来個人に供与したものであったが、これをロシア政府が勝手に経営し、不法行動を恣行したので、当然廃棄されるべきである。そして、露国が海陸でともに大敗した今こそ実行に移す適期である[13]」

しかし、実際、五月一八日付で発表された官報号外には、上の小村外相の五月九日付訓令においても、林公使の五月一三日付任務完了報告においてもまったく探すことができない鬱陵島森林伐採権廃棄問題が突然追加されていた。それだけでなく、その廃棄理由もロシアの「不法行動のため」ではなく、「侵占的行為の恣行のため」であるとその表現は一段階さらに強硬になっていた[14]。

したがって、その原因が一三日以後一八日以前の何日間かの状況変化にあったことは、再論の余地がない。そして、その状況変化とは他でもない五月一五日前後の日本の深刻な戦力喪失、まさにそれであった。その後の日本は、すばやく韓国東海（日本海）岸の竹邊《ズックビョン》と鬱陵島に望楼を建設することを開始し、八月と九月にそれぞれ完工した[15]。続けて、独島（竹島）に望楼を設置するために調査作業に着手せよという軍令部の命令にしたがって、軍艦「新高」号が鬱陵島を出発し[16]、政府当局は五日後の九月二九日に中井に「独島（竹島）編入願」を提出させたのである。

バルチック艦隊来航に合わせた日本海軍の対応と内閣の支援

しかし、日本に対するロシアの脅威はこのような鬱陵島使用権奪取で解決できる問題ではなかった。バルチック艦隊の来航に備える問題もむろん切迫していたが、イッセン（Issen）提督傘下のロシア・ウラジオストク艦隊の新鋭艦（Rossya, Gromboy, Ryurik）が大韓海峡（対馬海峡）へ出動し（六月一二日）、韓半島と日本の間の交通路を遮断しようと乗り出したため状況が差し迫った。万一、交通路が遮断されるならば、満洲へ派遣された日本軍は完全に孤立するからであった。ツァーリが狙ったのは、まさにこれら出征した日本軍の孤立であった[17]。

したがって、日本は大陸に派遣した自国軍隊の安全のためにも大韓海峡の制海権確保が何よりも切実であった。もちろん、日本は、ロシア旅順艦隊とウラジオストク艦隊の合流の試みが失敗した六月二三日以後、黄海の制海権だけは確実に掌握した。しかし、東海（日本海）上における不安はまったく取り除くことができないままであった。

実際、一六日には、武器をぎっしり積んで旅順にむかっていた常陸丸（六一七五t）が「グロムボイ」に撃沈され、旅順陥落が二カ月間遅れただけでなく、これに搭乗していた近衛後備連隊一〇九五名が犠牲になる事態まで発生した[18]。しかし、事態はこれで終わりではなかった。佐渡丸（六二二六t）が「ロシア」に、これより少し前に和泉丸（三二二九九t）が「グロンボイ」に撃沈された。さらに、連隊長が連隊旗を焼却し自決した事実が報道されるや、世論はついに限界に達した。ウラジオストク艦隊の封鎖任務を任された上村中将に責任が向けられ、彼を「国賊」「露探」として糾弾する事態まで起きたのだった。[19]

とはいえ、東海（日本海）上の緊急事態を解消するために、旅順艦隊から艦船を抜いて東海（日本海）兵力を増強させることもできなかった。陸軍が旅順を陥落させるまでは、このような方法は想像すら及ぶことのないものであったためである。大本営に送った東郷提督の七月一一日付旅順攻略促進の電請は、この点を明白に代弁している。

「……戦局（東海上）は、実に憂慮せざるをえない。さらにバルチック艦隊の東航に備える必要が切迫している。我々の戦略の最大急務は一日でも早く旅順を攻略する道しかない。……したがってこれを促進するためにすべての手段を講じることを要請する」[20]

東郷は、二一日、旅順攻撃のために海軍陸戦重装砲隊を編成し陸軍を支援することにした。これに乃木も賛成した。しかし、不安は七月下旬に差し掛かりさらに高まった。「高島丸」をはじめとする多くの船舶が撃沈されただけでなく、七月二〇日から三〇日の間には、ロシア艦船が津軽海峡を二度も行き来し東京湾付近まで脅かした。このような状況から、日本は旅順を陥落させることができないにもかかわらず、やむをえず、主力巡洋艦六隻中四隻（「八雲」、「浅間」など）を選び大韓海峡に配置せざるをえなかったのである。[21]

もちろん、八月八日に旅順攻略が開始されたことで、八月一〇日に黄海海戦における勝利が確定、八月一四日の蔚山海戦でイッセン提督傘下のウラジオストク艦隊の気勢を大きくくじいた。しかし、これがかえってツァーリをして復讐を決心させた。大海軍会議（八月三〇日）でバルチック艦隊の東方派遣が確定される決定的契機となってしまったことは、広く知られているところである。[22]

そして、九月一三日にはついにその一陣がクロンシュタットを出港したという風聞までも出回り、東海（日本海）の情況はかえって悪化する一途であった。[23] さらに、九月二三日、「ウラジオストク艦隊が修理を完了した」という伊集院五郎軍令部次長の発表、そして「この艦隊が、二一日、港口を出て東海（日本海）へ入って来た」という二四日の風聞は、東海（日本海）への不安をさらにかきたてるものであった。[24]

すでに言及したように、このような一連の事態によって、軍令部の命令にしたがって軍艦「新高」号が独島（竹島）望楼設置調査のために、九月二四日独島（竹島）に向けて出発、[25]「日本政府当局は中井養三郎をして「リャンコ島（独島）領土編入および貸下願」を提出させたのであった。独島（竹島）望楼設置が軍部の措置であったならば、「編入願」を提出させる工作は政府の任務であった。

日本政府が、一九〇四年九月二九日付で中井養三郎が提出したといういわゆる「リャンコ島領土編入及び貸下願」を接受した時点は、まさにこのような超非常事態であった。当時の日本は、鬱陵島措置以後、東海（日本海）の緊急状況を四カ月以上かけても解消できない状態ばかりかバルチック艦隊に対敵しなければならないという差し迫った状況にあった。

日本としては、それこそ、国家存亡の危機であった。この状況下で中井という漁民の一人の生業、それもその将来の生業のために「領土編入願」を接受したということは、それこそ羊頭狗肉を髣髴させる話といわざるをえない。このような非常事態においては東海（日本海）上の海運中断や漁業全面休止問題などは考慮の対象ですらなかった。

中井の「領土編入願」提出も政府当局の使嗾《しそう》に従わざるを得なかったものと言える。(26) 中井は最初「領土編入願」を内務省に提出した。しかし、内務省地方局長は接受を拒否した。「韓国領地という疑問が浮かぶ荒漠な一個の不毛の暗礁を得て、環視する多くの外国に対して我々に韓国併合の野心があるという疑念を抱かせる」というのがその理由であった。(27)

しかし、中井は外務省政務局長の山座圓二郎を探しにいった。独島（竹島）が無主地として突然処理されたところはまさにここであった。山座は「時局はその領土編入を急務としている」

として、外交上でも問題になることはなく、内務省のような心配はありえないとして農商務省水産局長の牧朴真、海軍省水路局長の肝付兼行などと協議を進めた。

その後、中井に内務・外務・農商務三大臣宛に「リャンコ島編入および貸下願」を提出させた。[28]したがって、中井が自身の独自判断にしたがって「編入願」を提出したのではないことは再論する余地がない。これは、ロシアが露館播遷期（一八九六年二月一一日―一八九七年二月二〇日）を利用し鴨緑江森林伐採権を獲得した時に、日英の疑惑から逃れるためブリンナー（Y. I. Brynner）という商人を表に立たせた場合と全く変わらない。

ここで海軍省水路局長の肝付兼行は、「この島が全体的に無所属であると断定した」とした。「中井が前年からリャンコ島からアシカ狩りを開始した事実がある以上……」という「無主地先占理論」を適用し、「領土編入」を提案したのである。[29]

さらに外務省政務局長山座圓二郎の「中井の領土編入願提出に当たって」とする以下の言及は、日本政府の真意が漁民一人の生業のためでなかったことを明瞭に立証している。

「……時局はその領土編入を急要としているので、ここに望楼を建築して無線あるいは海底電信を設置するのは敵艦監視上きわめて必要である……」

というまさにその接受理由は、バルチック艦隊に対するためであったことを証言している。[30]

もちろん、日本は当時欝陵島に続いて独島（竹島）まで一挙に武力占領することもできた。しかし、当時の時点で彼らは「領土編入願」を接受する以上の措置は事実上必要でなかった。バルチック艦隊の来航を前に余計な戦力浪費を避けようとしたこともあったものの、それよりは時間的にまだ「編入」がそれほど切実ではなかったためであった。日本政府の立場からすると、前年（九月二九日）にすでに接受していた中井の「独島（竹島）編入願」を引き出しておいて、バルチック艦隊の日本への航行速度にあわせて処理手続きを踏めばよかった。[31]

当時はいわば二〇三高地（旅順港に直接砲撃を加えることができる高地）を互いに占有しようと、両軍が壮絶な争奪戦を繰り返していた時期であった。ゆえに、日本としてはバルチック艦隊が旅順に向かうのか、そうでなければウラジオストクの方に向かうのか判断する術がなく兵力を二方向に分配配置せざるをえない状況であった。[32] 接受しておいた中井の「独島（竹島）編入願」については、日本がこの高地の占領（一二月六日[33]）に続けて旅順を占領しバルチック艦隊の進路がウラジオストクに確定される前には、これを実践に移すことができなかったのである。

実に一九〇五年一月一日の日本陸軍の旅順占領は、バルチック艦隊に備える具体的対戦準備を本格的に推進する確実な契機でもあった。[34] 同時に独島（竹島）占取を実践に移すことのできる決定的契機でもあった。これに反してロシアのロジェストベンスキーには、それこそ絶望の始まりであった。第二太平洋艦隊を率いて一〇月一五日、リバウ（Libau）を離れ喜望峰を回りかろうじてマダガスカルのノシベ（Nosi-Be）港に到着したが（一二月二九日）、ここで再び不利な知らせを続けて受けたのである。[35]

これに対して、日本は旅順占領でまず防衛負担を大きく減らすことができた。なぜならバルチック艦隊の到着するべき港は、今やウラジオストクにならざるを得なく、この方面だけを防衛すれば良かったからである。それだけでなく、新しく編成された「第三太平洋艦隊と合流した後に戦場に向かえ」というロシア政府の訓令は、結果的に日本に対戦準備を整えさせる十分な時間的余裕まで与えてしまった。したがって、ロジェストベンスキー艦隊は、赤道の灼熱の太陽が降り注ぐ鉄甲船の上で三月一七日までおよそ三カ月間足止めされ、雪上加霜と言おうか、ここに「血の日曜日（一九〇五年一月二二日）」という革命の知らせまで伝えられたことで、将兵たちの士気がそれこそ地に落ちざるを得なかったのである。[36]

バルチック艦隊との具体的開戦準備のために、日本海軍と内閣の動きが活気を帯びたのはまさにこの頃であった。東郷も伊東軍令部長の指示に従い、一二月三〇日から翌年一九〇五年二月六日まで約五週間にわたって東京に滞留し、海軍首脳と作戦を協議した。

国家の運命がかかったバルチック艦隊との一大決戦をまさに直前に控えた時点で、この作戦を直接遂行するようになった海軍側の発言権は、最も強力であったことは容易に見当がつく。

内閣による「独島（竹島）編入願」をはじめとするロシアとの対戦のための一連の具体的作戦計画も、正確に東郷の滞留期間に処理された[37]。

旅順陥落十日目に、内務大臣芳川顕正は、内閣総理大臣桂太郎にいわゆる「無人島所属に関する件」という秘密公文（七三秘乙、第三三七の二[38]）を送り、閣議決定を要求した（一月一〇日）。するど閣議は、一月二八日、これを以下のような事由で通過させた。

「……明治三六年以来中井養三郎という者がこの島に移住し漁業に従事したのは、関係書類により明白であることから、国際法上の占領事実があるとして認定、これを本邦所属として島根県所属隠岐島司の所管としたとしても無妨であると考え、このことによって請議した閣議通過決定が成されたことは当然であると認める[39]」

これは東郷が「特殊任務がない全艦船は修理を終え一月二一日までに大韓海峡に集結せよ」という命令を出した後わずか一週間目のことであった。

この命令（一月二一日）は、東郷がバルチック艦隊との大決戦場を大韓海峡に最終的に確定したという意味である。それは、彼が独島（竹島）を鬱陵島とともに海戦の終決予定地として決定したことの動かすことのできない証拠である。そして、閣議の「独島（竹島）編入決定」（一月二八日）は、彼の作戦計画を支援するための後続措置のひとつにすぎなかったということもまた明らかである。[41]したがって、日本閣議の「独島（竹島）編入」決議がバルチック艦隊の東航に備えるための措置であったことは疑問の余地がない。

しかし、「領土編入」を閣議で議決したとしても、日本はその発表まで急ぐ必要はなかった。発表という最終手続をバルチック艦隊が来航する直前まで留保したのは、それによって列強に疑惑を呼び起こさせる時間的余地を与えないようにするためであった。

米国は開戦四カ月後の六月初旬からすでに日本の予想外の過度な勝利を憂慮していた。一般的な常識とは違って、今や日本は米国の支援対象ではなく、ロシアに代わる牽制対象となったのである。[42]米国の支援なく戦争を継続せざるを得なかった日本としては、このように身を潜めるしかなかった。さらに、ソウルにはまだ列強の外交使節が残っており、戦場にも観戦武官（observatory officer）が付きまとっていた。

閣議通過後、内務省が二月一五日、閣議決定を管内告示形式で処理せよという島根県知事に対する訓令（第八七号）を見てもこれは明らかなことである。[43]したがって、「独島（竹島）編入」の最終発表は、ロシア第三太平洋艦隊が二月一五日、リバウを出港したという情報を約一週間後に入手した後のことであった。今回も鎮海湾に到着した東郷が二月二一日に臨戦態勢完備を先に宣言した。そして、翌日の一九〇五年二月二二日付で、日本はいわゆる島根県告示という方法で独島（竹島）を自国領土に「編入」した。中井の「領土編入願」の接受段階から「編入」発表まで、すなわち最終段階にいたるまで内閣は戦況変化に応じた海軍側の開戦準備と歩調を合わせて始終支援したということである。島根県告示は内閣の支援策のひとつであった。

日本の独島(竹島)占取はカイロ宣言規定の対象

独島（竹島）が鬱陵島と同一作戦圏に属したという事実は、海軍側の戦略から見てもすでに明白である。この二つの島は「海戦」の終決地点であっただけでなく、事実上、「戦争」の終決地点であった。

日本に鬱陵島の戦略的使用を切実にさせた原因は、一九〇四年五月一五日前後の旅順港においての深刻な海軍力喪失にあった。これに対して日本は解決の方法を林駐韓公使の鴨緑江鬱陵島森林伐採権接取工作に見いだした。

すなわち、陸軍の北進にさきがけて鴨緑江・豆満江森林伐採権を接取しようとしたが、突然の海軍力喪失によってここに鬱陵島を間に挟んだのである。そして、即刻、鬱陵島と竹邊に望楼建設を開始しようとし、八月と九月に各々完了した。

つづいて軍令部は、九月二四日、独島（竹島）望楼建設のための調査を命令し、内閣は九月二九日、中井の「リャンコ島(独島)領土編入願」を接受するという方式で海軍側を支援した。そしてその接受理由からしてそれがバルチック艦隊の来航に備えるためのものであったことは、山座政務局長の言及からも簡単にわかる。

しかし、彼らはまだ「接受」以上の措置は取る必要がなかった。いまだ旅順を占領することができない状況であったから、バルチック艦隊が旅順に向かうようになるのか、ウラジオストク方面に向かうのか、わからなかったためである。彼らは東海(日本海)の制海権も完璧に掌握できないまま、バルチック艦隊との対戦準備をせざるを得ない状況であったのである。

したがって、対戦準備は日本が旅順を占領した一九〇五年一月一日以後になって、ようやく本格的に推進することができた。それも時間的に陸戦の戦況変化とバルチック艦隊の東航速度に歩を合わせて進行した。芳川内相が桂首相に「独島(竹島)編入」を議決してくれと要求した日付は、旅順陥落十日目の一月一〇日であった。

つづいて、東郷が特殊任務のない全艦船の大海峡集結命令を下した日付は、さらにこれより十日後の一月二一日であった。そして、この後、さらに一週間後の一月二八日、内閣は「無主地先占」理論を適用、独島(竹島)を自国領土として「編入」した。すべてが東郷の東京滞留期間に取られた措置であった。

全艦船の大韓海峡集結命令は、海軍側がバルチック艦隊の進路を東海(日本海)に確定したことを意味する。ロシア海軍との決戦現場を大韓海峡に取り決めたという意味である。したがって、これは海戦の終決地点を海軍側が独島（竹島）と鬱陵島の方面に予定していたという動かすことのできない証拠でもある。

独島（竹島）の「領土編入」告示も、「領土編入願」接受段階からそうであったように、まさに東郷の臨戦態勢完備宣言（二月二一日）に続いて行われた（二月二二日）。それも堂々と政府名義で公示したものではなく、島根県という一地方官庁の管内公示として処理した。これは列強の疑惑を回避するための緻密な対策に他ならなかった。告示を遅らせた理由も同じで、列強に疑惑を抱かせる時間的余裕を与えないためであった。

独島（竹島）と鬱陵島に対するこのような日本の一連の措置によって、五月二八日バルチック艦隊との対戦がこの二つの島で終決したことを見ると、海軍側の戦略がいかに正確だったかも共に明らかである。したがって、日本の「独島（竹島）領土編入」が日露海戦と密接に関連しているという事実は、いかなる論理をもってしても否定することはできないだろう。

「独島（竹島）編入」が中井の「生業保護」のためのものであったという日本の主張は、その目的が戦争にあったことを隠蔽するために掲げられた名分であった。日露戦争は侵略戦争であったわけで、「暴力」と「強欲」が必然的にこれに随伴するものであり、それゆえ日本の独島（竹島）占取がカイロ宣言の規制対象であったことは言うまでもないのである。

注

（1）梶村秀樹「竹島＝独島問題と日本国家」『朝鮮史研究』一八二（一九七八年）。また、堀和生「一九〇五年日本の竹島編入」『朝鮮史研究会論文集』第二四集（一九八七年）一〇四—一〇五頁には以下のような記述がある。「一八七七年当時、日本最高の国家機関である太政官は鬱陵島と独島が日本領ではないと公式に宣言した」。そして告示方法も、「日本政府内に独島が韓国領土であるかも知れないという見解があったにもかかわらず、これを韓国政府に照会するどころか通告措置さえもしたことがない」と明らかにしている。一八七六年日本が小笠原諸島を占有する時には米英と折衝し諒解を得た後さらに欧米十二カ国に対してもその統治を通告した。

（2）内藤正中「竹島は日本固有領土か」『世界』（岩波書店、二〇〇五年六月号）六一—六三頁。『無主地先占』理論を適用して竹島（独島）を領土編入した日本が、外務省ホームページに『竹島は日本固有の領土』であるとして自ら矛盾を示した」と指摘したが、すると、日本政府は「島根県告示は近代国家として竹島領有意志を再確認したもの」と言い繕った。しかし、告示当時、日本政府は「中井の生業保護のため」という名分以外に他のどのような名分も掲げた事実はない。内藤氏は「独島が日本領土ではない」という研究成果を無視している日本外務省の不勉強を厳重に咎めている。

（3）軍令部編『明治三七・八年海戦史（下）』内閣印刷局、朝陽会、一九三四年、三四九—三六二頁。

（4）Denis and Peggy Warner, *The Tide at Sunrise: A History of the Russo-Japanese War*, Kern Associates, 1976. 邦訳、妹尾作太郎・三谷庸雄『日露戦争全史』時事通信社、一九七九年三月、五八八—五八九頁。Mitchel, *A History of Russian and Soviet Sea Power*, New York, Macmillan, 1974.

pp. 263-264.;War Department, *Epitome of the Russo-Japanese War*, Washington, Government Printing Office, 1907, p. 164. 一九〇五年五月三〇日付『ザ・タイムズ』は「日本連合艦隊の主力は二七日以来作戦を継続した。二八日にはニコラス（Nicholas）一世、オーレル（Orel）、セニアヴィン（Seniavin）、アプロヒン（Aproxin）、そしてイズムルド（Izmurd）等で構成されたロシア艦隊に対してリアンクル岩礁にて攻撃した」と報道した。しかし、ネボガドフの降伏地点は独島（竹島）南方八マイルという説もある。

（5）内藤正中、前掲論文、五七頁。世宗實録地理志（一四三二）の蔚珍県条を引用している。堀和生、前掲書、九九頁。

（6）軍令部、前掲書、三二六頁。Naganari Ogasawara, *Life of Admiral Togo*, trans. by Jukich Inoue and Tojo Inoue（Tokyo）p. 357.

（7）Warner, *op. cit.*, p. 176. 日本の艦艇が撃沈された五月一五日は、折り悪くも「今日限り」でこの戦法（一カ月間継続された同じ戦法）を終わらせるという東郷の裁可が下されたまさしくその日であった。

（8）Warner, *op. cit.*, pp. 320-321.;War Department, *op. cit.*, pp. 143-144. 日本政府は五月一五日の事件をずっと秘密にしておいたが、約一年後に公表した。この点からみても、その深刻さは推測できる。

（9）山本四郎編『寺内正毅日記一九〇〇―一九一八』京都女子大学、一九八〇年、二三七―二三八頁。

（10）佐世保海軍勲功表彰会編・発行、『日露海戦記』一九〇七年、四三一―四三六頁。V. M. Vonliardiarsky, "Why Russia Went to War with Japan", *Fortnightly Review* DXXII, June 1910. ロシアは鬱陵島の価値を木材にだけおいていたのだが、一九〇〇年三月、馬山浦占拠を試みた後、彼らはこの島が馬山浦に至る中間拠点として戦略価値を持つという事実も明らかに認識するようになった。Foreign Office Correspondence（以下、F. O. と略す）405-88.

（11）F. O. 405-139. ; David Crist, "Russia' Far Eastern Policy in Making", *Journal of Modern History*, Vol. XIV, No. 2 (June 1942) pp. 318-320. ロシアは、露館播遷期の一八九六年八月二二日、駐韓外交陣を動員し一人の民間人であるブリンナーを前に立たせて、李完用・趙秉式などの韓国政府当局と当地域の賃借契約書を締結した。そして次の日ポリアノフスキー（Polianovsky）副領事がこれに確認署名した。当契約第一六条はブリンナーに対して自分の権利を誰にでも勝手に譲渡できるよう規定していた。これはロシア政府が裁量権を持つことができるようにした措置であった。

（12）日本外交文書、第三七巻第一冊、文書番号四三五、四三六、四四四、及び四四八。（以下、日外、三七―一、文書番号という方式で省略）

（13）日外、三七―一、文書番号四四四。

（14）日外、三七―一、文書番号四五〇、文書番号四五一。

（15）堀和生、前掲論文、一一四頁。

（16）内藤正中、前掲論文、六〇頁。堀和生、前掲論文、一一五頁。堀氏は軍艦対馬戦時日誌（防衛庁戦史部所蔵）を引用して、軍令部は一九〇四年一一月一三日軍艦「対馬」に対してリャンコ島（独島）に電信所設置が可能かどうか調査せよと命令し、これに従って同日二〇日独島（竹島）に到着、調査に着手したとしている。しかし、冬季は工事ができず実際に着工することができないままバルチック艦隊と決戦したのであった。愼鏞廈『韓国と日本の独島領有権論争』漢陽大学出版部、二〇〇三年、一六三―一六九頁。

（17）Warner, *op. cit.*, p. 323.

（18）Warner, *op. cit.*, pp. 323-324. 伊東正徳『大海軍を想う』文藝春秋社、一九五六年、一九六頁。

（19）軍令部、前掲書、五〇頁。

（20）伊東、前掲書、二〇〇頁。
（21）伊東、前掲書、一九五頁。
（22）海軍勲功表彰会、前掲書、四四四頁。丸山正彦・赤堀又二郎『日露戦史（後編）』二七四頁。
（23）丸山他、前掲書、三七四頁。
（24）伊東、前掲書、一九七頁。
（25）愼鏞廈、前掲書、一六九頁。
（26）堀和生、前掲論文、一一八頁。堀氏は、中井の編入願提出は内務・外務・農商務三局長の「指示」によったものであるとしている。
（27）崔文衡、『日露戦争の世界史』藤原書店、二〇〇四年、二三三頁。
（28）内藤、前掲論文、六〇頁。
（29）内藤、前掲論文、六〇頁。
（30）愼鏞廈、前掲書、一七四頁。崔文衡「バルチック艦隊の来到と日本の独島併合」『独島研究』韓国近代史資料研究協議会、一九八五年、三八八頁。
（31）崔文衡、『日露戦争の世界史』、二三四頁。
（32）谷壽夫『機密日露戦史』原書房、一九六六年、二二一頁。
（33）Warner, *op. cit.*, p. 480. 当時バルチック艦隊はケープタウンに到着するのに先立ってドイツ領南西アフリカ（現ナミビア）のアンゴラベケナ海岸にて石炭の補給を受けていた。ここにおいても彼らは日本軍の二〇三高地占領が自分達の艦隊にどのような意味を持っているのか全く知らないままでいた。
（34）軍令部、前掲書、一三五頁。Mitchell, *op. cit.*, p. 242.
（35）Official History (Naval and Military) of Russo-Japanese War (London, Publishing by His Majesty's tationary Office, 1920) p. 733. ロジェストベンスキーは第三太平洋艦隊を待つことなくノシ

べを出発し継続して航海するようペテルブルグに許可を要請したが、スクルイドゥロフ提督から拒絶された。

（36）Warner, *op. cit.*, pp. 546-551. ロシア軍は食品・飲料水不足と士気低下で軍紀が乱れた状態であった。艦艇の機関故障に加えて激しい暑さと伝染病で病死者が続出し、兵士たちが自殺する事態までも起こった。

（37）軍令部、前掲書、一三六—一三七頁。

（38）「無人島所属に関する件」の内容は以下の通り。「北緯三七度九分三〇秒、東経一三一度五五分、隠岐島西北八五マイルにある無人島は、他国がこれを占領したと認定するに値する形跡はなく、明治三六年（一九〇三年）に日本人中井養三郎という者が、魚舎を建てて人夫を移して漁具を備えた後アシカ狩に従事した。今回領土編入及び貸下を出願した際に所属及び島名を確定する必要があり、この島を竹島と名づけ、以後島根県隠岐島司の所管とすることを閣議に要請する。昭和三八年一月一〇日　内務大臣子爵　芳川顯正　印　内閣総理大臣伯爵　桂太郎殿」

（39）内藤正中、前掲論文、六〇頁。大蔵良一『竹島史稿』原書房、一九六八年、二四九頁。

（40）軍令部、前掲書、一三七頁。Ogasawara, *op. cit.*, p. 325.

（41）軍令部、前掲書、一三六—一三七頁。当時は海軍の作戦準備が最優先にならざるをえないばかりか、作戦海域内の島嶼併合問題というのは海軍当局の主張に左右されざるをえなかった。

（42）R. A. Esthus, *Theodor Roosevelt and Japan*, Seattle, University of Washington Press, 1960, pp. 41-43. 崔文衡『日露戦争の世界史』一九一頁。ルーズベルト大統領はいち早く一九〇四年六月六日、金子堅太郎特使と高平小五郎公使をオイスター湾に招致、講和仲介の意志を表明し、東アジアにおいて日本が占めるべき位置を示唆した。続けて六月九日に彼らを再度招待し、日本が北上できる限界を具体的に明らかにした。

（43）堀和生、前掲論文、一一八頁。愼鏞廈、前掲書、一八一頁。日本は編入事実を新聞に掲載したと言うが、配布範囲が極めて限定された地方紙（『島根県県報』二月二二日付と『山陰新聞』二月二四日付）に掲載されたものがすべてであった。主要日刊紙に掲載された事実は全くない。

9 韓国「開国」の歴史

――韓国歴史教科書の問題――

崔文衡
訳者＝山泰幸

一八五〇年代〜一九一〇年

帝国主義時代には、地球上のどの国も、以前のように外部世界と断絶したままでの存続は許されなくなった。列強は、韓国にも急速に浸透してきた。それに対応する能力を欠いていたわが国は、わずか数年の間に激しい国際紛争の渦中に巻き込まれてしまった。列強は、韓半島を取り囲んで熾烈な利権競争を繰り広げ、そのことが、わが国のその後の運命に甚大な影響を及ぼすことになったのである。韓国の近・現代史教科書の第二編一、二、三章の記述がまさにこの時期を対象としているが、この時期はまた、筆者自身の歴史研究の主な対象でもある。

開港後の歴史において、残念ながら、われわれの思った通りになったものはほとんどなかった。この時期に関するかぎり、「わが歴史だ」とは言っても、外国の影響力によって左右される場合が多かった。これが、開港後のわが歴史は、韓国の資料だけでは研究できないということの根拠である。

つまり、われわれは、いかなる国際情況の下でいかに扱われたのか、混乱に直面していかに対処したのかを理解して、教えなければならない。これこそ、この時期の歴史の核心なのだ。したがってこの時期の歴史は、その性質からして韓国内に限定された閉鎖的な眼差しだけではもはや研究が不可能になっているのである。

ところで最近では、これに加えて「民族・民衆」という大義名分に包まれ、偏った理念を前提にした研究が、また違った混乱をもたらしている。歴史は冷徹なものであり、これは客観的に記述し、教えなければならない。いくら立派な思想や理論だと言っても、歴史を思想や理念の方に合わせてねじ曲げてはならない。それはすでに歴史ではないからである。

それでは、韓国の近・現代史教科書は果してどうなっているか。一言で言って、こうした歴史の原則を全面無視していると言うほかない。執筆者たちは、歴史そのものではなく、むしろ民族統一志向の民衆・民族主義を至上とする特定理論の方に忠実だからである。

広く知られるように、この教科書は内容構成上の不均衡と事実関係の間違いに問題がある。しかし、この二つは決して別々の物ではない。特定の事実に偏って記述したために、他の重要な事実が削除されたり、記述の量が少なくなっているのである。この論考の目的は、各論に入り、問題点を具体的に明らかにし、その弊害をよく考察することにある。

「民衆抗争史」流の歴史記述とその問題点

われわれが抗争をするしかなかったのは、外国の侵略という原因があったためである。民族の抗争を説明するのに先立って、残念ながらも外国の侵略と圧政についての説明が必要となる理由もまさにここにある。ところが、この教科書の場合、すべてが一律に編の題目からまさに「近代社会の展開」と付されている。

構成を一瞥するだけで、記述の中心が民衆・民族・改革にあることが直感できる。ここには、外国の侵略による、自尊心を傷つけられる恥ずべき部分はできるだけ外すとか減らそうという意図が見える。しかし、恥ずべき歴史をも知らなければならないし、教えなければならない。特に第二編では、本来、こうした部分をさらに集中的に扱うべきだった。われわれの歴史を正しく理解するには、韓国史を世界史的な観点で再解析・再評価する作業も必要なのである。失策と試行錯誤によって綴られた百年前の歴史を反面教師として、二度とこんな不幸に遭わないようにするためである。ここから、逆教訓を得なければならないのだ。

教科書においては、内容構成と執筆量の配分が極めて重要となる。それぞれの事件の歴史的重要度を客観的・徹底的に分析し、その比重に合わせて執筆量が配分されなければならない。ところが、今回の教科書はこの原則を徹底的に無視している。

（1）執筆量が「東学農民運動」に相当偏っているだけではなく、その構成と目次がすべて画一化されている。これでは「教科書」というより、「民衆抗争史の本」という印象である。常識的な範囲での多少の認識の差異は認めるが、過ぎたるはなお及ばざるが如しということだ。このようになった一次的な責任は、もちろん執筆者たちにある。ところが、執筆の指針を作成した方にこそ、より問題があるという感が否めない。すべての教科書の構成があまりにも画一的なためである。特に金星出版社の場合は非常にひどかった。この時期（一八五〇年代～一九一〇年）全体を六五頁で記述しているが、この中で東学農民運動の二～三年間に、約九頁が割かれているのである。したがって、この期間を除く約六十余年間に起きた、その他の数多くの事件についての記述は極端に少なくなるしかないのである。事件自体が無視されるか黙殺されるケースも、多々見られた。なかでも極めて深刻な事例だけを提示してみれば、次のようである。

（2）まず清日戦争や露日戦争についての記述が全くないという点をあげることができる。周知の通り、二つの戦争は、いずれも韓国併合のための日本の侵略戦争であった。つまり、われわれの運命を決めた、それこそ韓国史とは決して引き離すことのできない事件なのである。残念なことだが、明らかにこれも韓国史の一部に違いない。ところが、「日本が露日戦争に勝利し、大韓帝国政府の改革は中断された」という一言がすべてである。総説で、大韓帝国の改革が中断された時期を説明して、「露日戦争」という単語一つだけがぽつんと入れてある。別の説明があるかと思って探してみたが、やはりなかった。清日戦争も同じ頁で全く同じやり方で処理されている。もちろん、清日戦争と露日戦争は、われわれの歴史ではないと強弁する反論もあり得よう。そういえば、日本の学者たちも、露日戦争を自分たちの「祖国防衛戦争」であった、と言う。そして、白人の圧政から解放されるという希望を、アジアの人々に持たせた民族解放戦争であったとも言われる。しかし、清日戦争と露日戦争は、明らかにわれわれの領土が戦場となった。露日戦争は、わが国と清国に対する明らかな侵略戦争であったし、われわれの国権を侵害することになる決定的なきっかけであった。教科書が、このような事件さえ無視してしまうのは、決して許されないことだろう。

（3）しかし問題はこれだけではない。われわれが夢にも忘れることができない日本政府の明成皇后殺害事件、日本とロシアが密かに協力し合っていたハーグ密使事件の全貌、そして安重根義士の義挙などについての記述も同じように極めて不十分である。金星出版社の場合、安重根義士の義挙をわずか三行で記述している。祖国のために殉国した愛国志士たちに限りなく申し訳なさを感じるのみである。

（4）今日、韓日間の重要懸案となっている独島（竹島）問題に関する記述も、同様にお粗末である。すべての教科書が「日帝は露日戦争の最中に独島を自分の領土に強制編入した」と記述しているだけで、その強制編入の顛末や具体的な事実についての説明は全くない。この点を日本の学者下條正男はあざ笑うように指摘している。われわれの教科書の補完が急務である。実際に日本の内閣は、ロシアのバルチック艦隊が日本に東航して来る速度に合わせて独島（竹島）の占取の手続きを踏んで行った。東郷提督が、すべての艦船に一月二一日までに大韓海峡へ集結するよう命令を下してからわずか一週間（一月二八日）で、日本の閣議が独島（竹島）編入を決意した事実からもそれは理解できる。その後五月二八日、日本の艦隊は、独島（竹島）の東南方一八マイルの地点でロシアの残余艦船を包囲し、完璧な勝利をおさめた。

（5）これ以外にも説明が事実に反していたり、誤っている部分は数え切れない。歴史記述において一番強調されるべき重要なポイントは、結果である。ところで、壬午軍乱と甲申政変の場合、結果についての説明があまりにも不足している。こう言えば、執筆者たちは、壬午軍乱の場合、済物浦条約が締結され、甲申政変の場合、漢城条約が締結されたと叙述しなかっただろうかと、かえって聞き返してくるかも知れないが、当時のわが国は、日本との関係という一面のみを持っていたのではない。韓半島を取り囲んで、清・日以外にも、アメリカ、イギリス、ドイツともすでに修交を結んでいた状態にあった。韓国は、これらの列強間の対立と角逐の中で多くの国々と複合的な関係を結んでいたのである。

（6）日本との関係が決してすべてではなかった。ところが、こういう状況を根本的に無視しているのである。実際にイギリスは、韓国が壬午軍乱で苦境に落ち込むと、これを関税率を下げる好機として利用した。これがいわゆる韓英新条約（一八八三年一一月二六日）に繋がるのである。ここで、韓英条約（一八八二年六月六日）で規定された関税率がほぼ半分の水準まで下げられた。さらに、ほぼ半減されたこの関税率は、最恵国待遇によってすでに修交を結んだ他の列強はもちろん、その後修交を結ぶようになるすべての国にも同じように適用された。これこそ、われわれの経済が破綻に追い込まれた決定的なきっかけであった。しかし、すべての教科書が、われわれが決して忘れてはならないこのような外国の経済侵略に関して全く叙述さえしていないのである。

(7)甲申政変の場合も同じである。日本と漢城条約を締結したという事実だけで終わるような単純な記述では、歴史の一面さえ正しく見ることができない。甲申政変で親日的な傾向の急進開化派が没落することによって、韓国には親清派だけが残るようになった。こうして韓国に対する清国の圧政はひどくなるしかなかったのである。

(8)この結果、いかにして清国の束縛から離れるかが、当時の韓国にとって緊急の課題となる。ここから、すでに韓・露修交を結んでいた(一八八四年七月七日)閔氏政府がロシアを積極的に利用して清国を牽制しようとする方法を選択することになる。これがいわゆる韓露密約(一八八四年一二月~一八八五年初旬)である。

(9)もちろんこれは風聞に過ぎないという意見もある。ところが少なくともその波紋は、あまりにも大きかった。清国はロシアへの接近を試みる閔氏政府に対して、いっそう露骨な牽制を加えた。清の李鴻章は、閔氏政府を監視するために保定府(中国河北省西部)に軟禁中だった大院君を釈放して帰国させる一方(一八八五年七月六日)、イギリスと日本もこの事態に積極的に対応した。日本にとっては、すでに清国よりさらに強大なロシアとの対決が不可避な状況であったので、まず清国との「異見」調整を急いだ。その結果が、天津条約（一九八五年四月一八日）であり、この事態に対するイギリスの対応がまさに巨文島の占領（一八八五年四月一五日）であった。しかし教科書は、開港以後、われわれが不可避に対峙しなければならなかった列強との関係についてほとんど記述していない。「民族」と「民衆」に重点を置いて記述するかぎり、このようになるほかなかったのである。さらに、相互に密接に関係のある事件をまるで別個の事件のように分離して記述し、それでも足りず時代順まで混乱している。

（10）この教科書が、歴史のある一面だけを重点的に記述し、全体像を捉えていない、という点についてはすでに言及した。その代表的な事例を一つだけ提示してみよう。金星社の教科書は、「日帝が乙巳条約（第二次日韓協約）の後、韓国を完全に合併するまで五年もかかったことはまさに義兵の抗争によってであった」と述べている（九四頁）。もちろん、そのような面が全くないとは言えない。筆者も確かにそのような要因もあったと思う。しかし大清帝国を退けて、続いて強力な大陸軍国ロシアを打ち破った日本帝国が、すでに国権喪失状態に置かれた韓国を併合するのに五年もかかったのを、ひたすらわれわれの義兵活動だけを原因として説明することはできないのである。われわれの民衆抗争の存在を強調すると言っても、これでは度を越えて誇張と言うほかない。これこそまさに歴史の歪曲なのである。同じ事件について日本の学者たちは正反対の話をしている。山辺健太郎は、乙巳条約の締結以後、日本による韓国併合はそれこそ「既定の事実」だと述べ、森山茂徳も「時間の問題」だと述べた。統監の権力によって韓国はすでに主権を喪失した状態に置かれていたので、そのような分析も確かに可能である。しかし、わが学界には、最初からこれについての研究すらないのである。つまり、教科書だけの問題ではないのである。

他方、日本の学者たちの誇張も韓国と大差ない。もしこれが「既定の事実」、「時間の問題」であったのなら、「保護」から「併合」へと進むのに、なぜ五年もかかったか、という疑問が生じるからである。しかし、五年かかった原因について、ひたすら「われわれの義兵抗争によって」だとはもちろん言えない。これも「民衆至上」論者たちの単純すぎる論理である。

日露戦争終結後、日本は、満洲を取り囲んで生じたロシアやアメリカとの葛藤を解消するのに多大な時間を要することになった。ロシアとアメリカの対日牽制が、日本が韓国併合を無理矢理に急いで進めることを阻んだからである。こうした説明なしに、その原因をひたすらわれわれの「義兵抗争」のためだと言えば、嘲笑の的となるほかない。

事実の誤りと史実の無視

近現代史教科書の問題点は、上で述べたのがすべてではない。これ以外にも「明らかに誤って記された事実」、「当然書かかれるべきなのに無視された事実」、「よく分からないために書かれなかった事実」などさまざまなものが目立つ。「民衆」と「民族」を偏重したため紙面が足りなくなったのか、外してはならない問題までが無視されているのはさらに大きな問題である。

（1）まず目立つのは、開港と不平等条約の問題である。ほとんどの教科書は「朝鮮策略」について言及はしている。ところが、欧米列強との修交について正確な記述を怠っている。衛正《えいせい》斥邪《せきじゃ》運動（近代文明を拒否し、超保守的な身分秩序と華夷秩序を守ろうと、閔氏政権期に唱えられた思想運動）を記述している間に、すぐに、壬午軍乱（一八八二年七月二三日、大院君らの煽動を受けて、韓国の漢城で起こった大規模な兵士の反乱。閔妃一族の政府高官、日本人軍事顧問、日本公使館員らが襲撃を受けた事件）に記述が移っているのである。もちろん修交について簡潔に言及されている場合もある。しかし、これさえ教科書によって韓英修好通商条約、韓独修好通商条約の締結年が誤って記されている。中央教育社と天才教育社の場合は、年が明示されていなかったが、実質的にこれを一八八二年とみなしているようである。「アメリカとの条約を締結した後、相次いで韓・英、韓・独修好通商条約を締結した」と述べている点と、前後の文脈から見て、一八八二年としているのが明らかなのである（五〇、七二頁）。これに対し、金星社の場合は、一八八二年の韓・英および韓・独条約については一言半句の言及もなしに、この二つの条約の締結年を一八八三年だと言っている（五二頁の図表）。教科書に条約の締結年を明示しないのも問題だが、教科書によって締結年が異なって記されているのは、さらに大きな問題である。これは、単に年が互いに違うといったことで済むような単純な問題ではない。これほどまで記述がバラバラになってしまったことの背景を説明することが必要である。ところが、こうした説明を根本的に欠いているのである。したがって、史実と史実の関連性がまったく分からなくなってしまっただけでなく、特定の事件について短答式説明で終わるような歴史記述になってしまった。教科書として極めて不適切な記述だと言うほかない。歴史は特定の事件を暗記するためだけのものではない。繰り返すが、当時、わが国は日本一国だけと修好条約を締結していたのではない。日本と修好条約を締結したのはもちろんだが、壬午軍乱（一八八二年七月二三日）が起きる約一カ月前にすでにアメリカ（一八八二年五月二二日）と、またイギリス（一八八二年六月六日）、ドイツ（一八八二年六月二八日）とも修好通商条約を締結していた。したがって、壬午軍乱は、日本と済物浦条約を結ぶことだけで終わるような事件では決してなかったのである。

（2）イギリスは、清国での混乱の利用の方式を韓国にも適用し、機敏に壬午軍乱の混乱を利用した。当時、韓国の外交を主導していた金玉均（日本公使の協力も得て閔氏政権打倒のクーデター（甲申事変）を起こすが失敗、その後、日本へ亡命、上海で暗殺される）、朴泳孝（金玉均らと共に開化党を結党。甲申事変で閔妃派からの政権奪還を図るが失敗、日本へ亡命。日本統治下の韓国における重要な官民のポストを歴任）などの急進開化派がこれに引っかかったのである。彼らは意欲だけは高かったが、何の情報も持っていない三十二歳と二十二歳の外交の門外漢だった。駐日公使経歴だけで一八年にもなる五十代後半の老獪なイギリスの外交官パークス（Harry Parkes）にとって、彼らは最初から敵対できる相手ではなかった。ここで一八八三年一一月二六日、いわゆる韓英新条約が締結されたのである。ところで、金星社版は「韓英新条約」ではなく「韓英条約」が一八八三年に締結されたと明記している。問題は、一八八二年の韓・英、韓・独条約と、一八八三年の韓・英、韓・独新条約の違いも区別も明らかにされていないことである。一八八三年の韓英新条約を記述するためには、先に韓英条約についての説明が必要となる。韓英条約がどのように韓英新条約に変わったかについての説明は、この変更の影響が深刻だったため、当然必要なのである。こうしたことが問題の本質についての説明なのである。急進開化派の外交上の失敗が原因となり、新条約が締結され、そのことによって韓国の財政が破綻したのは、われわれの歴史の中で最も重視しなければならない部分である。これこそ、わが国をどん底に追い込み始めたきっかけなのである。ところがこの部分についての記述が、すべて外されてしまっているのである。

(3)しかし、問題はこれで終わるのではない。さらに深刻な問題は、これら開化派の失脚によって、それまでの「朝鮮策略」的な外交路線が全面的に清算された事実についての記述が同様に皆無であるという点である。急進開化派の外交の失敗が露わになった一八八四年五月をきっかけに、閔王后は外交の実権を掌握した。ここで、それまでのアメリカ・イギリス一辺倒の外交路線を清算し、代わりにロシア接近外交に急旋回したのである。これに反して開化派は政変という方法で活路を見出そうとした。韓露修好通商条約(一八八四年七月七日)の締結は、閔王后の外交の最初の産物であった。これによって、わが国の外交の方向が正反対に変わってしまったのである。現在の表現を借りれば、外交路線が右から左に急旋回したようなものである。したがって、本来は、この部分もわれわれの教科書に記述すべき重要な部分なのである。さらに教科書は、閔王后の「呼称」すら、さまざまに記している。金星社は「王后」とし、その他はすべて「明成皇后」だと言っている。

(4)しかも、すべての教科書は、外交路線の急旋回についていっさい言及していない。これは「当然記述されるべきことを無視した」「明らかに誤ったところ」でもあるが、「よく知らないので書かなかった」ようでもあって残念である。事件と事件の相互の関係を度外視して、民衆抗争だけを偏重すれば、歴史の歪曲を免れないという実例がこれである。

（5）教科書は、閔王后外交の問題点についても同様にまったく言及していない。閔王后は、韓露修交によって外交路線を全面修正した後、甲申政変で清国からの圧力がさらに過酷になると、また韓露密約を急いだ。これは、韓露修交の後、わずか五カ月も経ずにロシアに密着しようとする措置であった。もちろんこの密約については風聞に過ぎないという見解もあるが、これが投げかけた波紋はあまりにも大きかった。繰り返すが、歴史は結果が重要である。しかし、教科書は、このような外交路線の急変がもたらした結果を無視しているのである。

（6）江華島条約の締結過程に関する記述にも問題がある。日本は「アメリカの砲艦外交を手本にする」雲揚号事件を起こして、わが国に開港を強制したと記述している。それなら開港は、全くわれわれの意志だけで決まったわけではない、ということになる。当時、開港を主張した人たちもその必要性を強調しただけで、それ以上の主張はなされなかったのである。なお、当時日本がためらわずにわが国に武力侵攻を敢行できた背景についての説明もなされていない。当時は、清国が相変わらず対韓宗主権を主張していただけでなく、欧米列強もみな関心を東アジアに集中していた。それでも日本に対する清国からの牽制はなく、列強も日本の韓国への侵攻を放置していた。その原因は明らかに別にあった。日本が英・露対決という国際情勢を巧みに利用した結果でもあったが、ロシアによる韓半島併合を阻止するためのイギリスの計略が作用したためなのである。清国は、ロシアとの「伊犂《いり》紛争（露清紛争）」に巻き込まれて余裕がなかったのに対し、日本は自国の北上を誘導するイギリス外交に便乗する一方、ロシアとはサハリン・クリル列島（樺太千島）交換条約を締結し、韓国への侵攻に関してロシアの黙認を保障してもらっていたのである。

（7）閔王后の外交路線の急旋回に関していっさいの言及がない、という問題は、すでに指摘した。ところで、閔王后殺害自体についての記述も同様に不実極まりない。言及されている場合も極めて簡単な記述にすぎず、殺害の本質を扱っていない。ほとんどの教科書は、甲午・乙巳改革に言及しながら、「日帝は明成皇后を無残に殺害した」と軽く一行を記述しているだけである。閔王后殺害問題は、独島（竹島）の領有権の問題とともに、現在においても、韓日両国間の重大な懸案である。「民族」と「民衆」を強調しようとして、われわれの恨みがまだ胸に残っているような閔王后殺害の問題さえ見過ごしてしまうのは、決してあってはならないことだ。さらに、閔王后殺害の本質さえ見分けられない状況は、絶対容認できないことである。閔王后を日本人が殺害したという事実を知らない人はいないだろう。金星社の場合のように（七二頁）、粗末なロシアの文書にまで言及する必要はまったくない。しかも、その内容も誤ったものである。日本当局も、最初は事件の責任を閔王后と大院君の葛藤に押しつけようとした。それがうまくいかなくなると、加担者全員を広島裁判所に拘禁送致する芝居まで演出した。書くべきことを無視し、無駄話を繰り返した一例と言える。つまり、閔王后殺害の本質は、「日本人」ではなく、「日本政府」が関与したかどうかにある。この事件には、日本としては自国の国益がかかっていた。日本は、莫大な犠牲まで出して日清戦争に勝利し、そのことによって韓国に対する支配権を確立しようとしていたからである。ところで、閔王后が三国干渉をきっかけにロシアを引き入れ、日本を牽制しようとすると（「引露拒日策」）、日本政府としては、王后を懐柔するか、除去するほかなくなった。ここで後者を選んだというのが、まさに閔王后殺害の本質である。したがって、閔王后殺害は、日本政府当局でなくては、敢行など不可能であった。退役軍人出身の駐韓公使三浦梧楼ら浪人ごときの独自の判断だけでやらかせるような事件では決してなかったのである。その主導者はまさに井上馨であった。井上は、伊藤、山県らと同じく長州出身であり、明治日本の開国功臣であった。いわゆる「元老」だっただけでなく、韓国に対する「専決断行権」まで付与された明治日本の最高実力者であった。日本政界を左右しえた井上が、この事件を主導したことが確実である以上、日本政府の関与を否定することは決してできないのである。しかし、わが国史学界と教科書は、いまだ三浦の主謀説を繰り返している。この問題に関しては教科書だけに問題があるのではない。

結　論

「民族」と「民衆」だけを強調している間に、近現代史教科書が歴史の全体像を記述できないようになったのは、すでに言及したところである。問題の核心は、これによってわれわれが当然に理解すべき事実までも無視したり、疎かに扱っていることである。まず、判断力が未熟な学生たちに、偏見と固定観念を植え付けていることが大きな問題である。さらに、巧みに憎悪心と反米感情まで助長しているのである（金星社、四三、四九頁）。

教科書がこのような状態にあることには、韓国近現代史を「治世用」として利用した歴代政権にももちろん責任がある。しかし、その直接的な責任は、国史学界、とくに近現代史研究者たちにあるというのが筆者の考えである。それは、東・西洋史にはまったく責任がないという意味ではない。

歴史学者たちの大部分は、これらの教科書が常軌を逸している、ということすら、いまだ分かっていない。しかし、仮に分かったと言ったとしても、誰も直そうとしなかったであろう。それほどわが学界には「民族至上主義」が根深く残っていて、この時代に関しては、こうした時代の特性のゆえに対外関係を通した客観的研究が不可欠にもかかわらず、はじめからこうした研究を異端視する風潮が支配的であったのである。「韓国史は韓国の資料だけで研究すべきだ」という声が今も聞こえてくるようである。

ところで、このような現実において、この時期を専攻する従来の学者たちのほとんどは、国が失われた後に展開された独立運動史だけに関心を集中した。そのため開港期から一九一〇年以前の歴史は、事実上、研究の空白期になってしまったのである。この「無主空山」(所有者のいない山)に韓国史を専攻する若い学者が入り込んだのである。

この時期についての研究、とくに民衆抗争の研究は、他分野に比べて語学もあまり必要ではなく、また近付きやすい分野であった。さらに、このような若者たちは、「民族主義」の鼓吹を必要とする歴代政府の支援まで享受した。それだけでなく、義兵運動に象徴される民族・民衆運動は、かつては、学生運動の教材として使われることまであった。これが、若い学者がこの分野を独占するようになった背景である。この分野がこれら民衆・民族至上論者らによって独占された以上、この分野では誰が執筆しても、また誰が指針を作っても変わることがないという見解もある。事態は、その責任を論ずる段階すら、すでに過ぎたということであろう。近現代史を国史から分離し、別途の教科書を作った理由も分かるようである。

しかし、この弊害は決して放置されてはならないだろう。問題の核心は、この弊害をいかに改めるかである。実際、弊害は上で論じたように、学生たちに偏見を植え付けるだけに止まるものではないだろう。この時期の歴史研究者たちが「民衆」と「民族」にのみ執着した結果、必然的に生じてくる他の重大な副作用がある。この時期に起きた他の事件について相対的に疎かになるため、われわれが必ず知るべき重要な問題を見逃し、日本や中国との当面の懸案に関してまで、対処能力を喪失してしまうのである。

このような近現代史をもってしては、閔王后殺害の問題や独島（竹島）問題に対応することも、中国との間島問題を解決することもできない。さらに、最近は漢字も教えていないので、そうした問題の解決がいっそう難しくなりそうで非常に残念である。感傷的な民族・民衆至上主義に陶酔し、国益まで疎かにされる結果に終わるのではと心配である。

そのため、筆者は年齢を重ねた歴史学者として、次のような解決方案を提案したい。

(A)歴史教科書は一つに統合すべきである。近現代史だけ別に分けて教える理由はない。近現代史もすべて同じ韓国史だからである。

(B)教科書の執筆指針を作成した者まで含めて、教科書関係者の実名をすべて明記することが重要である。歴史家は歴史記述に責任を負わなければならないからである。隠れたまま無責任な発言をするのは決して容認されることではない。

(C)国史学科、西洋史学科、東洋史学科に分けられた大学の重要な学科を史学科として、もう一度統合しなければならない。どの学問も孤立させてはならないからである。

現在、日本や中国との歴史認識上の懸案は、韓国史だけによっては解決が困難になっている。日本についても知るべきであり、欧米についても知るべきであり、中国についても知るべきである。さらに、民族と民衆だけに重点を置くだけでは、解決は極めて困難である。まず学生たちに偏見を植え付けてはならないが、さらには国益のためにも教科書は必ず修正されるべきだろう。

10

自国の歴史を世界史の中で捉える

崔文衡

聞き手＝黄《ファン》鎬澤《ホテク》（『東亜日報』論説委員）

訳者＝全成坤

閔妃暗殺という韓国近代史の核心

明成皇后（閔妃）殺害は、日本帝国主義の残虐性を赤裸々に示した野蛮な国家犯罪であった。植民地争奪戦に遅れて加わった日本は、浪人たちを宮中に乱入させ、韓国植民地化の障壁であった明成皇后を殺害した。一人の歴史家の執拗な追跡で、明成皇后の殺害は、日本の内閣が決定したものであり、伊藤博文内閣で外務大臣を務めた井上馨が主犯であることが明らかになった。

韓国では、明成皇后はドラマやミュージカルに度々登場し、苦難の民族史の象徴として描かれている。しかしながら、加害者である日本では、明成皇后の存在は忘れられて久しい。少数の関心のある人でさえも、この事件が当時の日本公使三浦梧楼が浪人たちを動員して行なった個人的な犯罪であったと考えているほどである。

崔文衡・漢陽大学名誉教授は、日本帝国主義が明成皇后の殺害に関与していたことを証明する資料を執拗に追跡した。知識産業社から最近刊行された『明成皇后殺害の真実を明らかにする』は、日本政界の人々の動きを一日ごと追いかけ、東北アジアの国際情勢と皇后殺害の事件のつながりを再構成している。

早くから日本の野心を見抜いた明成皇后は、ロシアの力をかりて、日本を牽制しようとしたが、悲劇的な結末を迎えた。

明成皇后殺害は日露戦争の「序曲」であった。日本語で出版された『閔妃は誰に殺されたのか』（彩流社）には、「見えざる日露戦争の序曲」という副題がつけられている。

国際関係のなかで、開港期の韓国史を研究する崔教授は、一部の近現代史の教科書が「民衆民族主義という井戸のなかに陥っている」と指摘する。彼は、韓国の意思とは関係なく、世界列強の角逐に巻き込まれて韓国の運命が決定づけられた十九世紀末と二十世紀初めの歴史から逆に教訓を得なければならないと述べる。

筆者が、「『明成皇后殺害の真実を明らかにする』をにわか勉強で読んでみたが、まるで小説のように興味津々でありました」と話しかけると、彼は「知識産業社の金京熙《キムキョンヒ》社長から、注なしで小説のように書いてほしいといわれた。私が小説家だったらもっとよかったのではないか」といった。付け加えると、『明成皇后殺害の真実を明らかにする』は、小説のようにも読めるが、学術書としても遜色はない。

本を読み終えてから、十九世紀末から二十世紀初めまでの韓国の状況が理解できるようになりました。

黄先生（聞き手）のような読者だから面白かったのでしょう。漢字を知らない最近の若者にとってはどうでしょうか。

「明成《ミョンソン》皇后」というのは、明成皇后が殺害されてから二年後、大韓帝国が樹立されてから追尊された呼称である。日本人は「閔妃」という呼称で呼んでいた。彼女が生きていた時には、高宗が王であったので閔皇后という呼称が正確であろう。

■明成皇后の殺害に関心をよせるようになったきっかけは何ですか。

明成皇后の追慕事業会の李英淑会長から依頼がありました。私は西洋史専攻ですからお引き受けできないと申しました。ところが、一九八八年にKBS（テレビ局）へ出演し、国際関係学を講義したことがありました。六〇分の特集番組を四回放送しました。それをみた李会長がふたたび依頼してきました。その頃は、学長を辞めた後で、時間的な余裕がありました。教え子らを動員し、それぞれに一つずつ分けて調べました。そして、明成皇后の事件に関心を持っている同僚先生たちと一緒に研究論文を集め、一九九二年、民音社という出版社から『明成皇后殺害の真実を明らかにする』を出しました。この本が東亜日報の一九九二年八月一三日の一面と五面に紹介されました。

■本の中では「閔氏政権」という表現を使っておられますが……。この時代は大院君が退き、高宗が治めていた時代ですが……。

他の論文でも「閔氏政権」という用語を多く使っています。高宗は自分の勢力基盤が弱かったんです。

――「閔氏政権」という用語が歴史学界で定着しているほどですので、高宗は無能力だったと見ていいでしょうか。

広くそのように認識されています。ソウル大学の国史学科の李泰鎮教授は、高宗が立派であったといいますが、もし立派な人であったならば、国家があんな風になることをどうして防げなかったのでしょうか。とにかく、私は立派な人だとは思いません。

――閔皇后といえば、人々の脳裏には、大院君との対立がまず浮かんでくると思います。小説とかドラマでもそれを中心に描いていますが。

もちろん、葛藤がなかったわけではありません。ただ明成皇后を殺害した日本人が、皇后が大院君との間で葛藤があったために殺されたという話に持っていこうとしたのです。しかし大院君は、失脚後、閔氏勢力の前では影響力を持っていなかった。閔皇后の殺害は、むしろロシアと日本との争いから生まれたものです。閔皇后がロシアを引き寄せようとしたため、日本が閔皇后を殺したのでしょう。

閔皇后は、政治家として評価されなければなりません。決して家庭の主婦のように見てはいけません。主婦として閔皇后をみると、義理の父に反抗した悪い嫁になります。しかし閔皇后は、かなり賢い女性だったと思います。権力を握っていながらも、いつも夫を立てていました。アイデアと機智に秀でた政治家でした。ところが、世界の外交舞台からみると、客観的には、宮中の一人の女性にすぎなかったのです。

世界史の中で捉えて初めて理解しうる事件の真相

閔皇后は、ロシアをひきつけ、日本を排撃する「引露拒日策」を行いました。そのような政策を成功させるためには、ロシアが韓国を必ず助けてくれるという前提がなければならないのですが、しかし、ロシアには韓国のために動く考えはなかったのです。シベリア鉄道が完成するまでは日本と対決するつもりはなかったのですから。ロシアは韓国の問題をエサにして、日本と取引をしました。これは歴史的な事実です。閔皇后はロシア公使であるウェーベルの親切さを、ロシア政府の好意と誤解してしまいました。家庭の主婦ではなく政治家として閔皇后を見れば、巧みな政治家とは言えない。国際情勢の把握ができなかったからです。

■閔皇后を殺した主犯人は誰ですか。

日本とロシアは朝鮮半島を先を争って取ろうとしました。ロシアにとってもそうですが、日本にとっては、国益がかかった大事な争いでした。日本の浪人らが偶発的に起こした事件ではなかったのです。日本という国家レベルで決められたことでしょう。日本政府は、最初からまったく関与していないと主張しています。井上馨と伊藤博文は故郷も同じで、イギリス留学も一緒でした。歳は井上が伊藤よりは五つ上でした。井上は伊藤の初代内閣で外務大臣を、第二次内閣では内務大臣を務めた人物です。そして日本の「元老」として、天皇に首相を推薦することも可能な権限を持っていました。このような人物が、自ら申し出て駐韓公使を務めました。韓国問題に関して、思うままに決定可能な権限をもらいました。韓国に赴任してからは、まるで総督のように振舞ったのです。つまり、井上が韓国問題のすべてを自分で直接決定しました。

山県有朋陸軍大将が「井上を早めに渡韓させなければならない。内閣会議で決定次第、断行することを望む」と、陸奥宗光外務大臣に宛てて書いた閔皇后の殺害の決断をうながす手紙を、崔教授は日本国会図書館憲政資料室で探し出し、これを改定版に補っている。

日本の政策が、閔皇后の懐柔から殺害の方へと方針転換したのは、一八九五年七月一一日頃です。日本の国会図書館の憲政資料室で当時の資料を調べてみました。問題のその手紙は、七月八日に書かれたものです。閔皇后が七月六日、朴泳孝を内閣から追い出した後です。朴泳孝は井上が推薦した親日派の内務大臣です。朴泳孝の退任は、韓国内部における日本勢力にとって大きな打撃でした。手紙に「今や韓国の情勢には我慢できない」という言葉が出てくるのもそうした理由からです。

日本は、日清戦争で韓国を植民地化するために大きな犠牲を払ってしまいました。そのため、閔皇后がロシア勢力を引き入れようとするのは、日本として、とても我慢できなかったのでしょう。とはいえ、日本としてもすぐに戦争を遂行できる状況でもありませんでした。日清戦争を終え、国力がまた整えられていなかったからです。それで、閔皇后を懐柔しようとしました。それが思うように進まなかったために、殺害を決めたのでしょう。殺害を決めたのは、七月一一日頃です。

独立を維持できなかった原因を直視すべし

崔教授は西洋史専攻者として、日本と西洋の資料を集め、閔皇后殺害を国際関係の流れから把握することを可能にしたという評価を得ている。崔教授は事務室を一つ借りて、研究室として使っている。今年（二〇〇六年）、肺がん手術を受けた。それ以前は研究室で一〇時間を過ごしたが、今は午前八時ごろ家を出て、研究室では四時間ほど執筆活動をし、昼すぎには家に帰っている。

――タイの隣国はすべて列強の植民地にされましたが、タイは独立を維持しました。そのタイでは、それは国王の優秀な外交のお陰だと誇らしげにいいますね。

植民地争奪を繰り広げていたイギリスとフランスは、タイでぶつかりそうになりました。それで、タイを緩衝地域とすることに合意したのです。その合意のお陰で、植民地支配を受けなかったのであって、国王の優秀な外交で独立が維持されたというわけではありません。

――歴史に、「もし仮に（if）」というのはあってはなりませんが、高宗、閔皇后、大院君ら当時の政治の中枢部の人たちがもっと賢明で、国際情勢をも把握していたとするならば、韓国は独立を維持することが可能だったのでしょうか。

それは、そうでしょう。韓国人であるならば、それを残念がるでしょう。その当時、最後の植民地として残っていたのが、韓国と満洲だったのですが、彼らは世の中の動きにまったく気がつかなかったのでしょう。

大院君が鎖国政治を行なったことに比べて、閔皇后は国際情勢を理解していて、それなりに独立を維持しようと活動した痕跡はありますね。

だからこそ、私は閔皇后を賢い人だと見ています。だがロシアのギアツ外務大臣でさえ、日清戦争の直前に、清がアジアの平和を脅かしていると判断していました。ところが閔皇后は、日本がそうだと憂慮したのです。判断力が優秀な女性政治家ではありますが、宮中の女性で世界情勢までは把握できなかった。そこに彼女の限界がありました。

閔皇后に情報を提供したのは、駐韓ロシア公使ウェーベルでした。ロシアの判断が入った情報を得たことになります。見方によっては、閔皇后は親ロシア派です。一八八四年七月七日に締結された韓露修好通商条約は、閔皇后外交の最初の産物です。

日本が西欧に留学生を送って、その海外文明を取り入れ、富国強兵を推し進めているときに、韓国は天主教神父を取り調べ、迫害する鎖国政治を行なっていました。閔皇后は外国文明の開放に関してはどのように考えていたのでしょうか。

閔皇后は、初めは開放を不安がっていました。外国を知らないから、不安になったのは当たり前かもしれません。日本が一八七五年、雲揚号を送り込んで武力で韓国を圧迫し、江華島修好条約を締結させます。韓国自らが開放したのではないということです。われわれは勘違いしていることが多いのですが、例えば、明治維新以前の日本が野蛮国だったと思っている人がいます。しかし日本はペリー来航以後、外交の門を開放しますが、それ以前に西欧を受け入れる体制はできていました。準備なしには何も成し遂げられないわけです。十八世紀に起きたイギリスの産業革命は、十六世紀のエリザベス女王時代の初期にその基盤が用意されていたから可能だったのです。同じく日本に明治維新が可能だったのは、その力と基礎が整っていたからです。一五九二年、文禄・慶長の役の際、日本は銃をもってきているのに、韓国は槍で立ち向かいました。歴史はWhat really happened、つまり実際に何が起こったのかを中心に書かなければならないのです。

子安宣邦さんが、「日本には閔妃問題は存在しない」といっていますね。また、日本の右翼は南京虐殺も捏造だと主張しています。日本人のこのような認識はどこに由来しているのでしょうか。

優越感でしょう。子安さんは、「日本人の頭の中には、韓国は存在しない。一〇〇年前の日露戦争の時も、今日でもない」といっていますね。「ただ大陸にいくための通路として朝鮮半島があるのみだ」と批判しています。子安さんはＮＨＫに出演し、靖国参拝問題に批判的発言をした人です。

日本では、左派と右派が対立しています。右派は、結果的には自己中心主義から出られない。早稲田大学のある教授は、韓国と日本が江華島修好条約を結んだ時の状況を、今日の北朝鮮とアメリカの関係に例えています。韓国が、今もそのような状況にあるという意味でしょう。

―― 世界史のなかで、隣国の宮殿に乱入し、皇后を殺した例が他にもありますか。

ありませんね。クンタ・キンテ式で殺しましたね。

―― クンタ・キンテは、ヘイリ（Alex Palmer Haley）の小説『ルーツ』に出てくるアフリカの黒人奴隷のことですね。

アフリカ人を、狩りをするように殺していますね。残忍な殺し方をしています。日本の浪人たちは閔皇后を汚辱する真似までしました。

―― たまに閔皇后のニセ写真の騒ぎが起きたりしますが、本当に閔皇后は写真をとっているのでしょうか。

日本の浪人たちが皇后を殺すために、顔のスケッチを持って宮中に入ったと言われています。閔皇后の顔を確認するために。日本のどこかにそのスケッチが残っているかもしれません。私はそう信じています。日本人はそれを隠して公にはしないでしょうが。閔皇后の写真は、すべてニセモノですね。閔皇后は自分の写真を撮られないようにしていたようです。スケッチも西欧人が「人相」を覚えて、書いたものです。しかしスケッチとはいえ、西欧人のスケッチは繊細なところがあります。たぶん実物のように描いたでしょう。

右派／左派にかかわらず、歴史は事実に基づくべき

進歩系の歴史問題研究所が発刊する『歴史批評』の秋号に、新右派側の「教科書フォーラム」の歴史認識を批判する二つの論文が掲載されました。ソウル大学社会発展研究所の辛珠柏研究員は、金星出版社刊行の『韓国近現代史』教科書の開港期の叙述に対する崔教授の指摘内容を引用しつつ、「行き過ぎたところはありますが、日清戦争と日露戦争時期の国際関係に関して記述していないのは問題があると指摘した崔教授の批判は正しい」と書いていますが。

彼らは、私の批判に対して正しいとか正しくないとか言える立場にはないでしょう。出すぎたことです。彼らの年齢より、私が歴史を勉強した時間の方が長いのです。私は一九五七年に大学を卒業しています。それから五〇年がすぎています。彼らは五十歳にもなっていないので

す。私が歴史学会で、「あなた達が書いた論考の中に、知識不足で間違って書いているところがある」と指摘しました。いつでも討論をする用意はできています。

> 新右派の思想理論のリーダーを自称する雑誌『時代精神』の創刊の挨拶で、安秉直ソウル大学名誉教授は、高校の教科書である『韓国近現代史』の問題点を指摘している。自主路線に立脚した独立運動史、民主化運動史、統一運動史などを重視しているが、その結果、現代史では、なによりも大事である一九四八年の大韓民国の建国と一九六〇年代の産業化のような歴史は軽視されたり否定的に記述されている。
>
> 　これに対し、辛珠柏研究員は、しかし「学生らに批判的思考能力を失わせる恐れがある危険な歴史認識だ。彼らは認めないかもしれないが、教科書フォーラムの主張は、日本の植民地支配を美化し、親日派の歴史に正当性を与えている」と反論している。
>
> 　崔教授は、左よりの教科書にも問題はあるといいながら、新右派の方にも誤謬はあるとする中立的な見解を見せた。

私は、左派の学者の話は間違いが多いと思います。だからといって新右派も正しいと思っているわけではないのです。新右派にも問題はあります。

■ まず金星出版社の韓国近現代史教科書は具体的に何が問題でしょうか。

例えば、東学農民運動のような民衆革命については、あまりにも記述が長い。そして、こうした偏った記述のために、書かなければならない部分が書かれていないのです。例を挙げると、日清戦争、日露戦争、閔皇后殺害事件、ハーグ密使事件、安重根、独島（竹島）問題までが簡略に書かれています。とくに日清戦争と日露戦争はあまりにも簡単に書かれています。「大韓帝国の改革は、日本が日露戦争に勝利することで中断された」で済まされています。いくら探してもこの行以外に記述がありません。日清戦争と日露戦争は、韓国の歴史と深く絡んでいます。なにより、朝鮮半島が戦場でした。朝鮮半島をめぐって日本と清が、日本とロシアが戦争をしたのです。にもかかわらず、これを記述していない。ハーグ密使事件も一行で終わっています。閔皇后殺害事件に至っては、「日本は、閔皇后を残酷に殺した」といった程度の記述です。書かなければならないことは書かず、民衆運動の方へ偏っている。そこに比重を置くのもいいですが、書かなければならないことは、書くべきでしょう。韓国は、一八七六年、日本と修好通商条約を結んでいます。一八八二年には、アメリカ、ドイツ、イギリスと修好条約を締結しています。さらに一八八四年にはロシアと条約を締結しています。

彼は、国際関係史の上で「イギリスとロシアの対決の歴史」が重要であると言い、かなり長い時間、このことについて論じた。整理すると次のようであった。

イギリスとロシアの対決は、一八一五年以後、一九〇五年の日露戦争が終わるまで九〇年間も続きました。ナポレオン打倒に決定的な役割を果たしたイギリスと、ロシアは覇権を争いました。ロシアは、バルカン半島、中央アジア、東アジアへの南進を試みましたが、その都度イギリスが妨害しました。ヒトラー打倒に成功したアメリカと旧ソ連が世界の覇権をめぐって争った期間、つまり一九四五年から一九九一年よりも、この対決の期間は二倍も長かったのです。イギリスとロシアの対決は、クリミア戦争をきっかけに、バルカン半島から東アジアの方に移されます。その余波が一八六〇年の露清北京条約につながり、ロシアが沿海州をとり、ロシアの国境が東アジアの満洲、朝鮮半島に接することになります。そこで、ロシアとイギリスの対決が、日清、日露の対決に変わったのです。このような重大な部分を、韓国の歴史記述では、単純に清と韓国、日本の関係でしか書いていないのです。列強の争いに触れていない。歴史をもっと広くみる必要があります。ここに問題があります。

■ 新右派系の歴史認識には、例えばどんな問題がありますか。

彼らは経済史を勉強した人たちです。私も若いときには西洋経済史を勉強したことがあります。経済史を勉強した人は、統計を重視します。ところが、統計だけでは説明できないことがある。例をあげてみましょう。北朝鮮の全体の国家予算は、韓国の国防予算より少ない。しかしだからといって、北朝鮮の脅威を感じなくてもいいでしょうか。北朝鮮は核、ミサイル、化学武器などを持っています。統計だけでは話に限界があります。

新右派系のある学者は、一九〇五年にすでに日本が韓国を併合したとみています。一九〇五年に、日本の政治体制に入ったことから、韓国の日本統治は一九〇五年から見ることが可能だといっています。だとすると、日本の植民地支配は三六年ではなく四一年になります。これでは歴史的事実と違います。この話をすると私も右派だと言えますが、私は左派であろうと右派であろうと、事実をもとにして話をしなければならないと思います。自分の理論と思想が、いくらすばらしくても、歴史をそれに合わせて組み立ててはなりません。歴史をありのままに見ることが重要でしょう。左派歴史家たちは、一九〇五年から一九一〇年の五年間、日本が韓国の外交権を奪ったにもかかわらず、併合できなかったのは、義兵の抵抗があったからだといいます。清に勝っている日本、ロシアに勝っている日本が、義兵の抵抗に打ち勝つのには、五年という時間もかかってしまったということを誰が信じるのでしょうか。

韓国をすぐ併合できなかったのは、ロシアの復讐とアメリカの牽制があったからです。日本は満洲をアメリカ市場に開放すると約束しています。ロシアが満洲の門戸を閉じようとしたことに対して、アメリカは日本を巻き込み、ロシアを脅かし、門戸を開放させる計算だったのでしょう。ところが、日本は日露戦争で勝ったのに満洲を開放しなかった。そこでアメリカは日本を牽制するために、韓国併合に反対しました。日本は外交が上手な国ですから、アメリカが牽制するので、今度は、昨日の敵であったロシアと手を結びます。そして、イギリスとフランスに近づき、ドイツ包囲網に参加します。イギリスとフランスに力を借りながら、満洲でのアメリカの影響力を排除していきます。韓国を併合するための外交に成功したのです。日本は軍事力にもまして外交力も秀でています。日本は世界の情勢を正確に把握し、理解しています。ところが、韓国は日本に比べて、世界を知らないのです。

自国の歴史は巨視的に捉えねばならない

韓国近現代史の主流は、「内在的発展論」に基づいた侵略と抵抗を基本体系としてもっていると指摘する歴史家がいる。「内在的発展論」と「資本主義萌芽論」は、日本の植民地支配さえなかったならば、内部で自発的に資本主義的近代化の動きを基盤にしながら、韓国は近代的国家を作ることが可能だったとする理論である。

■資本主義萌芽論と内在的発展論についてはどう思いますか。

西欧では、農業において資本主義経営が始まることで、労働力が要らなくなりました。そして農民が失業者になっていきます。彼らが都市に集まり、貧民になっていきますが、彼らがいわゆるプロレタリアになります。「赤手空拳」つまり、持っているのは空《から》の手しかない人という意味です。生産手段を持っている人が、資本を蓄積していきます。これが西欧の資本主義の萌芽です。しかしながら、韓国における資本主義の萌芽はこれとは違います。ヨーロッパでも東と西で異なります。内在的発展論とか資本主義萌芽論は、西欧の理論を借りて、それを韓国の場合に当てはめただけのものです。

――「近現代史を専攻した人々の八、九割は、民衆民族系とみたら大体は当たっている」という言葉をきいたことがあります。もし事実ならば、なぜそのようになったと思いますか。

責任はこれまでの政府にもあります。私は大学の教授を四〇年務めながらそれを経験しています。私の同年の人々は、近現代史といえば、独立運動史を勉強しました。義兵活動史、独立運動史を主に研究しました。義兵活動と独立運動史の研究は奨励され、援助も与えられました。ですから、人々はそこに集まってきます。それがたぶん蓄積されたのでしょう。ある老大家は、この分野は誰が研究しても結論は同じだといっています。それが現実ですね。しかし、これからは通用しないでしょう。もっと広い視点から見なければなりません。一八八二年以後、韓国には外部の力が入ってきます。国際的力関係の中に入るのです。韓国の文書と資料だけで歴史を研究する時代は終わっています。

教科書フォーラムが主催したシンポジウムで、「近現代史が民衆民族という理念の井戸に落ちいている」と言われていましたが……。

「井戸に落ちいている」は記者がつけた言葉ですね。とにかく、これからは孤立しては何もできない時代です。すべてをオープンにし、グローバル化しなければならないでしょう。閔皇后の殺害を見ても、研究をしようとしたら、日本語と日本史を勉強しなければならないでしょう。日本の文書だけでは足りないので、日本に来ていた西洋の記者や外交官が自分の国へ報告した文書などを私は参考にしながら研究を進めました。韓国の歴史だけを勉強していては、閔皇后の事件は解明できない。果たして今、大学で漢文を教えているでしょうか。さらにひどいことに、史学科でも漢文講読がなくなっているようですね。この問題を解決するためには、国史学科、西洋史学科、東洋史学科と区分するのではなく、合わせて一緒に勉強する必要があります。

国史学科と東洋・西洋史学科の統合論は、先生の平素の持論ですね。

東洋史学と西洋史学、国史学と独立した学科を構成するのは、日本の東京大学がモデルです。私たちは、それを脱皮しなければならないのです。総合的にみて、歴史を巨視的にみなければならないと思います。日本でも、一つの事件を集中的に深く研究するインテンシヴな研究は多いのですが、その反面、外部を包括する視点をもったイクステンシヴな研究は少ないですね。

――一部の歴史教科書では、韓国の建国に重要な役割を果たしたのが、正当性の少ない親日派であり、左派に正当性があるように記述している、という指摘がありますが……。

そうした記述は、不当ですね。国の外で、日本帝国主義に抵抗した人も多いですが、大多数は日本の植民地支配下で暮らした人たちです。そうした統治に抵抗すれば、生きてはいられなかったでしょう。どうにもできない現実があった。日本の教育を受けたからといって皆が親日になったわけでもない。有名な話があります。イギリスの教育を受けた人は親イギリス派になりますが、日本の教育を受けた人は、反日になると。

――おもしろいお話ですね。なぜですか。

アメリカ人とかイギリス人は、喧嘩する際、人をつかむときも、包みながらつかみますが、日本人は、胸ぐらをつかみますね。ですから反感が生まれるというのです。日本で教育を受けた人たちの心の中には、反日精神がありました。ただ、反日精神をあらわすと犠牲になるから、表現しないだけです。ですから、一律的に線を引いたらいけないのです。

なぜイギリスでなく日本の植民地になったのか

彼は、若い時にイギリスの経済史を専攻したが、韓国近代史へ研究方向を変えている。大学一年のとき、日本の経済学者大塚久雄が書いた『近代欧州経済史序説』を読み、深く感銘を受けた。大塚教授は、ある日学生が「戦場へ行きます」と書き残し、それ以来連絡が取れなくなったことで、心を痛くした思いから、「平和」という二文字を心に刻みつけたと、この本の序文に書いている。崔教授は、その文書を読んで、われわれの生きる道は経済発展にあると思った。朝鮮戦争の直後、貧しくなった国を見て、切実に思った。そのときから、ウィリアム・エシュルリ、E・リプソン、ウィリアム・カニングオムの西欧経済史をむさぼり読んだ。

経済が発展するためには、基盤が大事です。イギリスは、産業革命に成功し、植民地を増やしていったでしょう。そこから今度は、「私の国はどのように植民地になったのか」を考えるようになりました。経済史を勉強するうちに関心がそこに移っていった。イギリスとフランスが植民地競争をしながら、世界を取っていきましたが、アジアで残っていたのが韓国だった。そこで、ではなぜ韓国はイギリスの植民地になったのではなく、日本の植民地になったのかが知りたくなりました。

――帝国主義の争いの間で、韓国は国権を失ってしまいましたが、この時代からどんな教訓を得るべきでしょうか。

再びこのような間違いを起さないという逆教訓を学ぶべきですね。逆教訓とは、再びこのようなことを繰り返さないという意味です。十九世紀末に韓国が経験した植民地化を繰り返してはなりません。そのためには、まずその歴史をしっかり勉強して知らなければなりません。

ここで使っている「逆教訓」とは、「反面教師」の意味として理解しておきたい。

金玉均と朴泳孝は、日本へ行って、イギリス公使パークスに会いました。パークスに、イギリスが、韓国を清と同レベルで扱ってくださるならば、関税率を下げることができるといったらしいです。いくら清が嫌であっても、そのようなバカな提案をしていいものでしょうか。当時、金玉均は三十二歳、朴泳孝が二十二歳です。何がわかるというのでしょう。パークスは、日本公使だけで一八年を経験し、世界の情報をすべて持っている外交官です。相手にならないでしょう。パークスが「朝鮮人は外面的なことさえ満たされれば、内実的な利害関係は問題視しないんだ」という有名な言葉を残しています。痛い言葉ですね。イギリスと新修好条約を結び、関税を削減しました。ところが、その関税率は結果的には、最恵国待遇によって、他の修好条約を締結した国にも当てはまることになります。その責任はどこにあるでしょうか。これは「無知」のなせる業ですね。無知がいかに大きな問題を引き起こしたことでしょうか。

日本の日露戦争研究に欠落していた視点

崔教授は、日本が日露戦争を展開する過程の中で、独島（竹島）を併合していく歴史を記した論文を発表している。フランス領海のマダカスカルの東北側にノシベ港がある。露仏同盟のお陰で、アフリカを遠回りしてきたロシア艦隊は、そこに停泊することができた。他の港では、ロシア艦隊を受け入れてくれなかった。ロシア艦隊はそこで本国の命令を待ったが、本国から第三太平洋艦隊と合流して移動するようにとの命令を受けていた。第三太平洋艦隊がくるのを待っている間に、日本は旅順を占領している。ノシベは赤道上の港である。太陽が降り注ぐ甲板の上で、兵士達は耐えられなくなり死んでいく人が現れた。結局、ロシア艦隊は第三太平洋艦隊と合流し、フランス領海のカムラン湾を経て、上の方へ移動する。

旅順が陥落しているため、ロシア艦隊はウラジオストックへ行くしかなかったのでしょう。

日本海軍は、一九〇五年五月二七日、バルチック艦隊を撃沈させます。バルチック艦隊の航路および日程を、日本側は計算済みだったのです。それに合わせて、独島（竹島）を島根県に所属させると告知をだし、日本の物にしています。戦争目的で、独島（竹島）を占領したのです。カイロ宣言に、貪欲と暴力によって占領した土地は、返すべきだと書いてあります。ですから、日本も独島（竹島）に関しては、権利はありません。

崔教授が著した『国際関係からみた日露戦争と韓国の併合』は、韓国では一〇〇〇部も売れていないにもかかわらず、日本語版の『日露戦争の世界史』は、二〇〇四年五月初版が出て二カ月で2刷に入り、三〇〇〇部以上も売れている。

日本では日露戦争に対する関心が高いときいておりますが……。またこの分野の研究も活発に行われているようですが……。

日本にとっては、自分たちが勝利した戦争ですから。小さい島国が白人の大国に勝ったのですからね。日本人としては誇らしいことでしょう。この戦争をきっかけに、世界の強国になります。これにより韓国は植民地に転落しましたが……。日本の学界に蓄積された研究成果に比べれば、韓国の学界では、列強の争いの中でこれを取り扱う研究が少ない。日本の日露戦争研究会は、日露戦争一〇〇周年記念シンポジウムにおいて、「先行研究の中で、韓国と中国からのまなざしが落ちていることを反省し、それを補い、国際関係という巨視的な研究が求められている」と認めました。日本の学者らが私の本に注目したのは、この理由からでしょう。日露戦争の結果、韓国は日本へ隷属されます。ところが、日本の学界は、日露戦争の勝利から韓国を併合した話は切り離しています。

― 中国の「東北工程」(一九九七年から開始された中国の歴史研究プロジェクトのことで、高句麗と渤海を中国史の地方政権として位置づける)についてはどう思いますか。

力なしには解決できません。ここには国防力、外交力、経済力はもちろんのこと、学問的な力も含まれます。国際関係では、力を持っている国の方へつきます。ですから、日本だけが悪いと言っている場合ではありません。中国も見る必要があります。日本がいいという話でもありません。問題が多い国だとは思います。この本を出版する前には、日本のことをよくは知りませんでした。ところが本を出版してから、日本にしばしば行くようになると、日本の力を感じざるを得ませんでした。日本が正しいという意味ではありません。正当性の問題と日本の経済力・外交力の力は別です。日本はなんでもないと言う人もいますが、私はそうは見ていません。

― 若者に勧めたい歴史書があったらいくつか紹介してください。

世界史を読んでほしいですね。どの本がいいと一冊を選べませんが。今はあまりにも国内問題に集中しすぎています。グローバル化を掲げながら、すべて韓国の国内しか見ていません。

彼は、今年（二〇〇六年）の初めに肺がん手術を受けた。お医者さんである婿のお陰で、早めに発見し治療を受けることができた。抗癌剤は人を苦しめますねといった。彼は『ロシアの南下と日本の韓国侵略』という著書を執筆しているといった。パソコンを開き、A4用紙で一七八頁まで完成した原稿を見せてくれた。二〇頁分が残っているが、一日に一枚しか書けないと惜しがっていた。分厚い本になりそうである。

崔先生は、手術前には、七五〇ミリリットルのウィスキーの半分は軽く飲んだようである。今はビール一杯がすべてらしい。人生が寂しくなったといった。インタビューの終了間際に、携帯電話が鳴った。「はい、分かった。今から帰るよ」と言っている。奥さんからの呼び出しのようであった。「最近は、ちょっとでも遅れるとすぐに連絡が来ますね。無理したらよくないとのことです。」周りに健康を心配してくれる人がいるとは、それだけ幸せというものであろう。駐車場まで崔先生と一緒に歩いたが、肺がん手術をうけ、抗癌剤を飲んでいる老人とは思えないぐらい崔教授の足どりは、闊達であった。

あとがき

私が韓国学中央研究院に招かれて連続講義をしたのは、昨年（二〇〇六年）の五月のことであった。五月十五日から十八日にかけての四日間、一日はソウル市内の成均館大学で、他の三日はソウル郊外の緑したたる山間の中央研究院で連続して講義する機会が私に与えられた。この連続講義を通してのテーマは、「日韓関係を軸に東アジア問題を考える」ことであった。私の『「アジア」はどう語られてきたか』（藤原書店、二〇〇三年）と『国家と祭祀』（青土社、二〇〇四年）とは、いずれも韓国語訳され、出版されていた。さらに靖国問題をめぐる私の発言などをふまえて、このテーマによる連続講義が韓国で企画されたのであろう。

自分の専門である日本思想史をめぐって外国で講義する体験を、私は何度かもったことはあるが、現代的主題をめぐって、しかも四日間にわたって講義をすることは初めての体験であった。ただ『「近代知」のアルケオロジー』（岩波書店、一九九六年）以来、私は近代日本への関心を強めてきた。さきに挙げた二つの著作もそれを示している。また『漢字論』（岩波書店、二〇〇三年）をもそれにつけ加えるべきだろう。さらに最近刊の『日本ナショナリズムの解読』（白澤社、二〇〇七年）にまとめられた諸論の講義を、私はすでに始めていた。この数年来の作業と関心とにしたがって、私は与えられた主題「日韓関係を軸に東アジア問題を考える」を四つに分節化することを考えた。

第一は、「日本民族」概念の成立をめぐる「日本ナショナリズムの解読」の試みである。第二は、漢字問題を視点とした東アジア論、「漢字論から見た東アジア」である。第三は、漢・韓の排斥からなる国学的な自己意識の問題、「韓《から》の痕跡と日本《やまと》の成立」である。そして第四は、靖国問題を通じて東アジアの歴史と記憶の共有を考える「歴史の共有体としての東アジア」である。私は主催者側と相談しながらこの四つの個別テーマを定めて講義にのぞんだのである。

東アジアの共同体とはいかにありうるのか。それは私に与えられた主題が含んでいる問題であった。主催者側の関心もそこにあった。私はその問いに、第四日の講義の「歴史の共有体としての東アジア」という答えをもってしたのである。東アジアの「歴史の共有体」とは、戦争の二十世紀の歴史と記憶とを一国化するナショナリズムを批判しながら、それらを共有しようとする東アジア市民の運動体だと私はそこでいった。この四日間にわたる韓国での連続講義と討議それ自体が、私にとって「歴史の共有」に向けての運動を意味するものとしてあった。そして私の「日本ナショナリズムの解読」というナショナリズム批判の作業とその報告は、日韓の歴史の共有に向けての運動がまずふまえなければならない前提であった。だがナショナリズムを負の、過剰のイデオロギーとしては植民地的被害において体験しても、己れにおけるものとしては正のイデオロギーとしての意味だけが強められてきた韓国で、私のナショナリズム批判が簡単に分かち合えるものではないと思っていた。

たしかに韓国のジャーナリズムは、私のナショナリズム批判を自分たちの既存の民族主義的思考回路にただ収めて、日本の良心派の批判的発言としてだけ紹介した。だが実際の連続講義における人びとの反応は違っていた。歴史の共有に向けて、ナショナリズムを超えていこうとする私の発言は、己れのナショナリズムへの再考の契機として受け取られたのである。私のナショナリズムへの問いかけは、韓国における反応を見出したのだ。それは私の連続講義という四つの報告への韓国の四人の研究者によるコメントに明らかである。そのコメントのどれが望ましいものであるか、ないかがここで問われることではない。日韓における歴史の共有は、彼らが与えてくれたこの応えから出発するのである。私は彼らがしてくれたこの応えに感謝しながら、四つの私の講義とともに彼らの四つのコメントをもって本書の第一部を構成することにした。

私の四つの講義は、すでにいうように、この数年来の私の作業と関心とからなっている。したがってこの講義はさきにあげた私の著書や論説と主題的に、内容的に重なっている。だがそれらは韓国における発言として、今回あらためて書き直されたものである。またそれらは韓国の人びととの対話のなかで新たな意味をもってきたテキストでもある。日本からの私の発言が、韓国の彼らに何を呼び起こし、彼らによってどう応えられたのか、あるいは彼らとどうすれ違ってしまったのか。私の四つの講義と彼らの四つのコメントとをつき合わせながら具さに読んでいただきたい。

韓国における連続講義を何らかの形で出版することを考えていた私に、崔文衡氏との共著のアイデアを与えてくれたのは藤原書店の社長藤原良雄氏であり編集部の西泰志さんであった。崔氏の日露戦争や閔妃問題などをめぐる発言を一書にまとめることを考えていた藤原書店が、崔氏と私との共著という素晴らしい案を提示してくれたのである。歴史家崔氏の日露戦争をめぐる発言は、日韓双方の歴史認識、歴史教育をめぐる緊切な批判と問題提起とを含むものである。私の講義が崔氏の論説とともに一書をなすことで、東アジアにおける歴史の共有に向けての一歩をなす本書は、同時に歴史認識のあり方をめぐる重大な問題提起を含む書としての性格をもつことになったのである。

日露戦争をどう認識するのかという歴史家崔文衡氏の問いかけは、日本人の私たちや日本の歴史家にだけ向けられたものではない。それは同時に韓国の人びとに、韓国の歴史家や歴史教育に携わる人びとにも向けられたものである。本書第9章と第10章とは、崔氏がまさしく自国の歴史家や歴史教育に携わる人びとに「日露戦争をいかに認識するか」と問いかけたものである。崔氏の日露戦争研究が私たち日本人にとってもつ意味については、私はすでに「まえがき」でのべた。ここでは崔氏の韓国における歴史研究、歴史教育に対する批判的発言について記しておきたい。

本書第9章・第10章にあるのは崔氏という韓国の歴史家による自国の歴史研究なり歴史教育のあり方をめぐる批判的発言である。いわば韓国内における批判的発言である。これを外の日本からどう読むかという問題である。これをただ日本ナショナリズムの思考回路に収めて何らか韓国批判的な言説を構成してしまうことの間違いは、私の日本ナショナリズム批判をただ韓国の民族主義的思考回路に収めて反日的言説を構成してしまうのと同じ間違いである。いま問われているのは、我と彼と国を隔てながら、歴史認識をいかに共にしていくかという問題である。

崔氏の発言は「韓国の歴史家による自国の歴史研究なり歴史教育のあり方をめぐる批判」だと私はいった。この「自国の」というのは、二重の意味においてである。「自国の」歴史研究というのは、韓国における歴史研究であるとともに、韓国一国史という一国主義的な歴史研究でもあるのだ。ことに民族・民衆という歴史主体を基盤にした歴史記述を主張する民族主義《ナショナリズム》的な歴史研究が問われているのである。この民族主義的な歴史研究は、韓国併合という悲劇をもたらす日露戦争にほとんど研究関心を向けないし、歴史記述からも省いてしまうという間違いを犯すことになるのである。

十九世紀の後期から二十世紀にかけて東アジアは、欧米帝国主義諸国と新たに帝国主義国家たろうとする日本との国際的な関係の中にすでにあった。そうした東アジアの国際関係への視点をもたずに一国史を記述することは、自国の歴史認識においても重大な過ちをもたらすことになるのだと崔氏はいうのである。ことは韓国の問題である。だが、崔氏の批判を一国主義的ナショナリズムと歴史記述の問題として見れば、ことは私たち自身の問題であるだろう。日本の近現代史における歴史記述の問題でもあるのだ。
これは今日問われている歴史教科書問題の本質にかかわることである。一国主義的歴史記述を双方からつき合わせても、共通の歴史教科書が成立するわけではないのである。

崔氏が国内に向けて執筆し、発言されたものを、本書を通じて日本の読者にも提示されたのは、日韓の歴史の共有に向けての氏の並々ならぬ決意によることである。本書の共著者として私は氏のこの決意に心からの敬意と感謝とを表したい。それとともに氏との友情が本書として結実したことを私は心から喜んでいる。
最後に、韓国における私の講義のすべての通訳を担当してくださった任明信さんに心からの感謝を捧げたい。彼女の真摯で、熱意ある通訳なくして私の講義も、会場での討議もありえなかったであろう。さらに任さんは四つのコメントの日本語訳をもして下さったのである。また崔氏の発言（第9章・第10章）の日本語訳を担当してくれたのは全成坤・山泰幸の両君であった。短い時間で、私の依頼に応えてくれた両君の努力と誠意にあらためて感謝したい。

二〇〇七年六月五日

子安宣邦

あとがき

本書は、文字通り、子安宣邦氏との偶然の出会いの賜物である。

二〇〇五年一月二二日、東京で開催された藤原書店創立一五周年記念シンポジウムに、私は光栄にも基調講演を行うべく招かれた。講演後、年下の私に丁重に声をかけて下さったのが子安氏であった。すぐに意気投合し、その後、東京で、ソウルで、と対話を何度も重ね、友情をさらに深めていった。

子安氏は、カミソリのような鋭い批評眼を持つ思想家である。その子安氏から、私は、日本について、またとりわけ江戸期や幕末期の日本について多大なご教示をいただいた。これは、私自身の専門研究を進める上でも大きな助けとなった。例えば、会沢正志斎『新論』（一八二五年完成）という書物の存在を子安氏に教えていただき、想像以上に早い時期から日本がロシアを脅威と感じていたことに驚いたのだが、これは、ちょうど私が『ロシアの南下と日本の韓国侵略』の執筆を本格的に開始した頃のことであった。

「崔氏は何よりもまず日露戦争を韓国の歴史研究者として見たのです。韓国から見ることによって、日露戦争が韓国併合を帰結するような、韓国と満洲をつつみこんだアジアの戦争であったというすぐれた歴史認識をもたらしたのです。」

「しかし韓国から見るといっても、直ちに韓国から日露戦争を見るわけではありません。韓国のナショナリズムは日露戦争を自分たちの歴史から消してしまうのです。それは日本のナショナリズムが日露戦争に韓国問題を見ないことに対応することです。」

「歴史を一国化しようとするナショナリズムが、必ずしも自国の悲劇を正しく認識するものではないとする崔氏は、アジアにおける世界史のなかで自国の運命を読もうとします。」

子安氏は、拙著『日露戦争の世界史』をこんなふうに読んで下さった。一八五〇年代から一九一〇年にかけての列強と韓国の関係の歴史が、歴史家としての私の主な研究対象である。当然、私の日露戦争研究もその延長線上にある。これまでの韓国の歴史研究は、自国の悲劇すら正しく認識してこなかった。なぜ私の祖国は植民地化されたのか？　それもなぜ日本の植民地であったのか？——実際、これこそ、長年にわたる研究において私が抱き続けた問いであった。そんな動機をも、子安氏は拙著から読みとって下さったのである。

今日の日本においても、日露戦争は、日本とロシアの二国間の戦争と捉えられている。だが、この戦争は、朝鮮半島と満洲の利権をめぐって八カ国の列強が複雑に絡んだ「最初の世界戦争」であり、「韓国の植民地化を決定づけた戦争」であった。したがって、日露戦争の研究は多面的な視野から総合的に進められる必要があり、さらにこのようにして日露戦争の全体像をつかむことは、その後の日本による韓国併合を歴史的に正しく認識するために不可欠な作業となる。これこそ拙著『日露戦争の世界史』を執筆した動機であり、まただからこそ、「日韓の歴史の共有は、何よりもまず日露戦争の歴史の共有から」と私は主張するのである。

「この日本人による日露戦争についての見方には韓国は存在しない。朝鮮半島は日本の日露戦争の遂行にとって軍事的通路のごとくみなされていた。この認識には対露戦遂行のための軍事的要衝としての朝鮮半島は存在しても、韓国は存在していない。それは当時の日本軍部の認識においてばかりではなく、日露戦争後百年の現在、その戦争を記述する日本の歴史家・研究者にも存在しない。日露戦争において韓国は日本人にとって存在していない、この日本人の視角における盲点を痛烈に指摘するのが崔氏の『日露戦争の世界史』である」というのが、子安氏の有り難いご指摘である。

再度、強調するが、日露戦争の歴史の共有は、韓日にとって何よりも緊要である。まず踏まえるべきは、一八九五年の閔妃殺害も、一九〇四年の露日開戦も、一九〇五年の日本の独島（竹島）占取も、一九一〇年の日本による韓国併合も、それぞれバラバラの出来事ではなく、すべて日露戦争に関係し、一つの歴史的関連性を構成しているという事実である。

思えば、拙著『日露戦争の世界史』の日本での刊行（二〇〇四年五月）それ自体が、子安氏を始め、多くの日本人との出会いをもたらしてくれた。こうした貴重な出会いの場を提供して下さった藤原書店社長、藤原良雄氏に深く感謝申し上げげたい。

本は人と人を結びつける。本書も、ささやかではあるが、「歴史の共有は、まず日露戦争の歴史の共有から」という日韓共同の最初の実践、最初の具体的成果となっていれば、と願う次第である。そして、戦争の時代を生きた我々の世代の対話の続きを、日韓の若い人々が引き継いでいくきっかけとなることを。

二〇〇七年六月四日

崔文衡

収録（初出）一覧

序論　東アジア・歴史の共有に向けて——日韓関係を通じて考える（子安宣邦）
書き下ろし。

1　日本ナショナリズムの解読（子安宣邦）
韓国学中央研究院「二〇〇六年碩学招請集中講座」講義録（二〇〇六年五月一五日）に加筆修正（コメントも同様）。

2　漢字論から見た東アジア（子安宣邦）
韓国学中央研究院「二〇〇六年碩学招請集中講座」講義録（二〇〇六年五月一六日）に加筆修正（コメントも同様）。

3　「韓」の痕跡と「日本」の成立——日韓関係の過去と現在（子安宣邦）
韓国学中央研究院「二〇〇六年碩学招請集中講座」講義録（二〇〇六年五月一七日）に加筆修正（コメントも同様）。

4　歴史の共有体としての東アジア——東アジア共同体をめぐって（子安宣邦）
韓国学中央研究院「二〇〇六年碩学招請集中講座」講義録（二〇〇六年五月一八日）に加筆修正（コメントも同様）。

5　百年前の東アジア、現在の東アジア——国際関係から見た日露戦争と韓国併合（崔文衡）
藤原書店創立一五周年記念シンポジウム基調講演（二〇〇五年一月二二日）、『環』vol. 21（二〇〇五年春号）。

6　閔妃暗殺とは何か——日露戦争の序曲（崔文衡）
『環』vol. 23（二〇〇五年秋号）。

7　「閔妃問題」とは何か——角田房子『閔妃暗殺』（子安宣邦）
『環』vol. 22（二〇〇五年夏号）。

8　日露戦争と日本の独島（竹島）占取（崔文衡）
『環』vol. 23（二〇〇五年秋号）。

9　韓国「開国」の歴史——韓国歴史教科書の問題（崔文衡）
教科書フォーラム第四次シンポジウムでの発表（於・ソウル歴史博物館講堂、二〇〇六年一二月一五日）。

10　自国の歴史を世界史の中で捉える（崔文衡）
『新東亜』二〇〇六年一〇月号、聞き手＝黄鎬澤。

著者紹介

子安 宣邦（こやす・のぶくに）

1933年川崎市生まれ。東京大学文学部卒業。東京大学大学院博士課程（倫理学専攻）修了。文学博士。横浜国立大学助教授，大阪大学教授，筑波女子大学教授を歴任。日本思想史学会元会長。大阪大学名誉教授。思想史・文化理論専攻。著書に『「アジア」はどう語られてきたか』（藤原書店）『「事件」としての徂徠学』『「宣長問題」とは何か』（ちくま学芸文庫）『本居宣長』（岩波現代文庫）『江戸思想史講義』『漢字論』（岩波書店）『方法としての江戸』（ぺりかん社）『国家と祭祀』（青土社）『日本ナショナリズムの解読』（白鐸社）など多数。
ホームページ　http://homepage1.nifty.com/koyasu/

崔文衡（チェ・ムンヒョン）

1935年ソウル生まれ。ソウル大学校文理科大学史学科卒業後，西洋史専攻。ソウル大学大学院を修了（文学修士）、西江大学校で文学博士学位取得。シカゴ大学東アジア研究所で修学。1964～2001年，漢陽大学人文大教授・学長歴任。現在，同大学名誉教授。韓国歴史学会会長を歴任。著書に『国際関係から見た日露戦争と日本による韓国併合』（知識産業社，邦訳『日露戦争の世界史』藤原書店）『韓国をめぐる列強の角逐』（知識産業社）『明成皇后殺害の真実を明かす』（知識産業社，邦訳『閔妃は誰に殺されたのか』彩流社）など多数。
現住所・韓国ソウル市江南区駅三洞611-2

歴史《れきし》の共有体《きょうゆうたい》としての東《ひがし》アジア
――日露戦争《にちろせんそう》と日韓《にっかん》の歴史認識《れきしにんしき》――

2007年6月30日　初版第1刷発行©

著者　子安宣邦
　　　崔文衡
発行者　藤原良雄

発行所　株式会社 藤原書店
〒162-0041　東京都新宿区早稲田鶴巻町523
TEL　03（5272）0301
FAX　03（5272）0450
振替　00160-4-17013
印刷・製本　図書印刷

落丁本・乱丁本はお取り替えします
定価はカバーに表示してあります
Printed in Japan
ISBN978-4-89434-576-8